CROIRE
OU VIVRE PLUS

DANS LA COLLECTION « SAGESSE »

Prière et connaissance de soi,
par Anselm Grün, 1996 (4e éd).

Prière et rencontre, par Anselm Grün, 1996 (2e éd).

La Bible pour prier et pour vivre, par Georges Zevini, 1996.

La tentation du désespoir, par Isabelle Prêtre, 1996.

Le jeûne. Prier avec le corps et l'esprit,
par Anselm Grün, 1997 (4e éd).

La crise du milieu de la vie, une approche spirituelle,
par Anselm Grün, 1998, (8e éd).

Spiritualité et mélancolie,
par Karl-Friedrich Wiggermann, 1999.

Les rêves et la vie spirituelle, par Anselm Grün 1999 (3e éd).

La santé, un défi spirituel,
par Anselm Grün et Meinrad Dufner, 2000 (3e éd).

Chemins de liberté, par Anselm Grün, 2000 (2e éd).

Que rien ne te trouble, par Pedro Romero, 2000 (2e éd).

Des repères pour vivre : les fêtes mariales,
par Anselm Grün et Petra Reitz, 2001.

Les crises dans l'existence, par Guido Kreppold, 2001.

Libérer la vie. Le chrétien et le défi de la mort,
par Anselm Grün 2001 (2e éd).

Lecture psychanalytique de la Bible,
par Anselm Grün, 2001 (2e éd).

Croire en Dieu – Croire en soi, par Anselm Grün, 2004.

Anselm GRÜN o.s.b.

CROIRE OU VIVRE PLUS

Traduit de l'allemand par
Annick Lalucq

MÉDIASPAUL

L'original de cet ouvrage a paru aux Éditions *Vier-Türme-Verlag* de Münsterschwarzach (Allemagne), sous le titre : *Glauben als Umdeuten*

Médiaspaul Éditions, 48 rue du Four, 75006 Paris
ISBN 2-7122-0898-6

Pour le Canada :
Médiaspaul, 3965 boulevard Henri-Bourassa Est
MONTRÉAL, QC, H1H 1L1

Imprimé en France

INTRODUCTION

Dans leur livre intitulé : *Solutions*[1], trois psychologues américains ont étudié les conditions dans lesquelles problèmes et conflits peuvent être judicieusement réglés. Ils distinguent des solutions de premier et de second ordre. Les solutions de premier ordre restent à l'intérieur du problème et découlent d'un raisonnement parfaitement sain : la solution qui consiste à nous habiller plus chaudement quand il fait plus froid relève de ce type.

Mais cette solution « quantitative » est souvent insuffisante. Par exemple, s'obstiner à stimuler une personne dépressive n'aboutira qu'à renforcer sa dépression, puisque c'est de surcroît ajouter à sa tristesse la mauvaise conscience d'être continuellement triste. De même, si nous avons des difficultés pour nous endormir, les efforts répétés pour trouver volontairement le sommeil sont voués à l'échec.

Les auteurs distinguent trois types de solutions fausses :

---

1. P. WATZLAWICK/J.H. WEAKLAND/R. FISCH, *Lösungen. Zur Theorie und Praxis menschlichen Wandels,* Berne, 1974.

1. *La négation pure et simple du problème.* On ne veut pas en convenir : on peut parler ici d'un comportement terriblement simplificateur. On est d'avis que tout va bien et on maudit tous ceux qui ne pensent pas la même chose.

2. *La recherche de solutions utopiques.* On se fixe des idéaux trop élevés que l'on présente comme réalisables et valant la peine. Par exemple, on pense avoir trouvé la solution universelle, celle qui résoudra les problèmes de notre monde dans son ensemble, et on l'impose en dépit de toutes les résistances. Ou encore, on dépeint le mariage sous un jour tellement rose que tout couple moyen finit par se considérer comme en dessous de tout. « Si bien que sous les couleurs de la perfection, un problème naît là où il n'y en avait pas. Quand on adopte la thèse du mariage idéal, non seulement on ne s'engage pas sur la voie de la résolution d'un problème, mais en fait, on le crée, en se posant cet objectif : c'est alors la solution qui devient le problème à régler. »

   La solution utopique est souvent de règle dans le domaine politique. On rêve d'un monde idéal, dans lequel tous les hommes vivraient en paix. Hölderlin constatait déjà à ce propos : « L'État a toujours transformé en enfer ce dont l'homme voulait faire son paradis. »

3. *Le recours aux paradoxes.* Il y a paradoxe dès que l'on demande à quelqu'un : « Sois spontané ! » Ou lorsqu'une mère de famille veut persuader son enfant qu'il ne doit pas travailler parce qu'elle le lui demande, mais que cela doit venir de lui-même. Le paradoxe consiste dans « l'exigence d'un comportement qui, par essence, ne peut exister que spontanément, et dont la spontanéité (c'est-à-dire sa condition d'existence) est justement rendue impossible par le fait qu'elle est exigée ».

Devant ces solutions erronées, il existe des solutions de second ordre, qui se situent en dehors du cadre où réside le problème et qui émanent d'un point de vue différent. Ces solutions paraissent souvent « absurdes, inattendues et déraisonnables. De par leur nature, elles sont surprenantes et paradoxales. Elles font sortir le problème du cercle vicieux dans lequel les tentatives de solution menées jusque-là l'ont enfermé et le placent dans un cadre nouveau et plus vaste ».

Les auteurs prennent le problème qui consiste à faire passer par les neuf points de ce carré quatre lignes droites reliées entre elles :

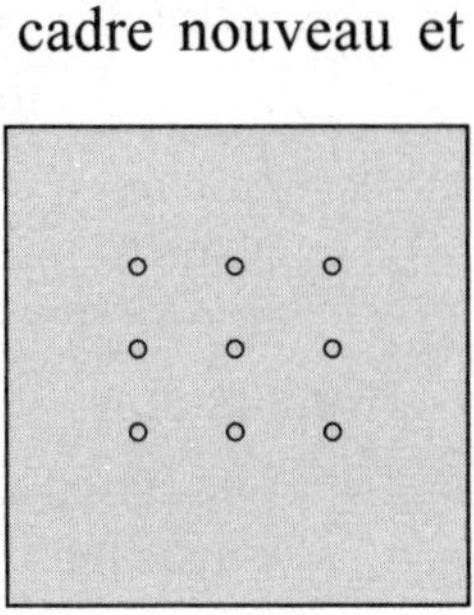

Si je reste à l'intérieur de la figure, il n'existe pas de solution : il me faut sortir de ses limites. Alors, tout devient très simple (voir p. 85). Ce type de solution, qui dépasse le cadre du problème, relève de « l'art délicat de l'interprétation ». Ce récit, tiré de Mark Twain, en est une illustration :

> « C'est samedi après-midi. Temps libre pour tous les garçons, sauf pour Tom Sawyer, condamné à peindre une palissade de trente mètres de long et de neuf pieds de haut. La vie lui semble odieuse, l'existence un fardeau. Ce n'est pas seulement le travail qui lui paraît insupportable, mais surtout l'idée que tous les garçons de son âge qui ne manqueront pas de passer par là vont ricaner en le voyant obligé de travailler. Et voici que dans ce sombre moment de désespoir, Tom a une inspiration ! Une grande, une merveilleuse inspiration ! Bientôt s'approche Ben, un garçon dont Tom craint par dessus tout les railleries.
>
> – Salut mon vieux ! Tu es puni ?
>
> – Ah, c'est toi, Ben, je ne t'avais pas vu !
>
> – Écoute, je vais nager, viens-tu avec moi ? Mais tu préfères travailler, naturellement, tu préfères rester, n'est-ce pas ?
>
> Tom, étonné, le regarde de haut en bas.
>
> – Qu'est-ce que tu appelles exactement travailler ?

– Q-Quoi ? Ça n'est pas du travail, ça ?

Tom trempe à nouveau son pinceau dans le pot de peinture et remarque avec indifférence :

– Peut-être bien que oui, peut-être bien que non ! Tout ce que je sais, c'est que ça convient à Tom Sawyer.

– Hé, tu ne vas tout de même pas me dire que tu fais ça pour le plaisir ?

Tout en promenant son pinceau, Tom Sawyer répond :

– Pour le plaisir ? Et pourquoi pas ? Qui parmi nous est capable de peindre une barrière tous les jours ?

L'affaire se présente alors sous un jour nouveau. Ben réfléchit en croquant dans sa pomme, pendant que Tom fait aller et venir délicatement son pinceau, reculant de quelques pas pour mesurer l'effet obtenu, apportant çà et là quelques retouches, vérifiant à nouveau, tout cela sans se préoccuper le moins du monde de Ben. Celui-ci, de plus en plus attentif, suit chaque mouvement des yeux, avec un intérêt croissant. Tout à coup, il dit :

– Tom, tu ne voudrais pas me laisser peindre un peu ?

Vers le milieu de l'après-midi, la clôture avait reçu trois couches de peinture et Tom nageait dans la richesse : pour avoir le privilège de peindre une partie de la palissade, tous les garçons, l'un après l'autre, s'étaient départis de leurs trésors. Tom avait réussi à transformer ce travail pénible en un plaisir, pour lequel il fallait payer, et ses amis avaient accepté comme un seul homme cette interprétation de la réalité. »

Ce concept d'interprétation m'a porté à considérer sous un jour nouveau la nature de la foi. Cette dernière m'apparaît ainsi comme une interprétation de la réalité de type comparable. En tant que croyant, j'essaie de voir la réalité dans une lumière différente, de l'interpréter de façon nouvelle. Je quitte le cadre du problème et j'essaie de le considérer du point de vue de Dieu. Je sors des limites à l'intérieur desquelles, la plupart du temps, les problèmes ne peuvent pas trouver de solution. Du point de vue de Dieu, je vois la réalité telle qu'elle est en vérité. Je franchis les limites étroites de mon horizon et je peux comprendre beaucoup de choses qui, au premier regard, semblaient obscures. Du point de vue de Dieu, je peux interpréter la réalité et, face à elle, me comporter de façon plus intéressante et plus appropriée. En sortant du cadre où résident les problèmes à résoudre, je découvre des solutions de second ordre.

Deux critères caractérisent cependant l'interprétation par la foi, si on la compare à « l'art délicat de l'interprétation », tel que Tom Sawyer l'a pratiqué avec tant de succès. La foi est un modèle d'interprétation complet, qui ne s'applique pas simplement à un problème très précis, comme peindre une palissade, mais qui concerne la vie dans sa totalité. Tom Sawyer n'aurait pas pu interpréter aussi facilement la maladie, le malheur et la mort : des questions pour lesquelles les idées spontanées ne sont plus d'aucun secours, et qui demandent un modèle d'interprétation solide.

La foi interprète l'existence humaine dans son entier. Elle touche évidemment tous les domaines de la vie, les succès et les échecs, la naissance et la mort, la santé et la maladie, le bonheur et le malheur, et toutes les expériences qui nous paraissent souvent confuses et que nous n'arrivons pas à classer : les crises qui ébranlent notre existence, la solitude et le doute, le sentiment du néant et de l'absurde, la déception et l'incompréhension, le manque de confiance et l'impression d'être exclu. Je ne peux pas trouver en moi ce modèle d'interprétation global, il doit m'être proposé par quelqu'un d'autre. Cette interprétation, je ne peux pas l'inventer moi-même, je ne puis que la recevoir de Dieu. Dieu interprète pour nous les situations les plus diverses de notre vie par sa Parole qui nous est révélée dans la Bible. Cette Parole nous est adressée dans la liturgie, nous la portons avec nous dans la méditation et dans la prière. A sa lumière, nous pratiquons l'interprétation par la foi, nous essayons d'éclairer notre vie et de la comprendre. Les sacrements viennent donner sens aux moments forts de notre existence et les fêtes de l'année liturgique saisissent les différentes expériences de notre parcours pour nous les présenter dans une autre clarté. De même, les dogmes de l'Église nous aident à appréhender différemment notre vie. Ils ne nous apportent aucun fait nouveau, mais donnent sens aux faits auxquels nous sommes confrontés. Pouvoir les interpréter, n'être plus obligé d'avancer à tâtons dans le noir, ne plus être abandonné à l'absurdité et au non-sens relevait, pour la théologie alexandrine (par exemple chez Clément d'Alexandrie[2]), de la nature du salut que le Christ nous a apporté. Le Christ est celui qui nous apporte la lumière, nous éduque et nous guide vers la vie. Il nous explique le sens de notre vie, pour qu'elle nous soit compréhensible, qu'elle nous apparaisse dans son évidence. Alors, notre existence prend un sens. Nous devinons, nous savons où nous en sommes. Nous pouvons réinterpréter notre vie et toutes nos expériences, les ordonner, les comprendre du point de vue de Dieu comme chemin vers la vraie vie. Par son

2. Voir A. GRILLMEIER, « Die Wirkung des Heilshandelns Gottes in Christus » (Le salut de Dieu à l'œuvre dans le Christ), *in Mysterium Salutis*, éd. J. FEINER et M. LÖHRER, vol. 3, 2, Einsiedeln, 1969, p. 375s.

interprétation, le Christ nous donne accès à la vie. C'est ce que signifie la rédemption : être libéré en vue d'une vie pleine de sens.

Quand je vois la réalité différemment, je peux la prendre en mains de façon différente et me sentir différent aussi. Par son interprétation, Tom Sawyer a pu gérer de façon différente l'obligation de mettre la palissade en peinture et il s'est senti beaucoup mieux que s'il s'était laissé enfermer dans son ressentiment. Cette construction : voir autrement, agir autrement et se sentir autre, nous la rencontrons dans la racine indo-européenne *leubh* (cher, aimable, bon, agréable). Croire veut dire tenir pour bon et agréable. Aimer veut dire avoir, faire volontiers, bien traiter, bien agir. Et louer veut dire : nommer quelque chose aimablement, bien nommer, parler en bien. L'origine commune des mots n'est pas due au hasard, mais est issue de l'expérience, dont la langue n'est que la synthétisation. Croire, aimer, louer ont une origine commune dans le vécu de nos ancêtres. Et le lien qui les unit, tissé dans cette expérience, peut nous aider à mieux comprendre la nature de la foi et son rapport à l'amour et à la louange de Dieu.

La nature de la foi consiste donc, étymologiquement parlant, dans une vision positive de la réalité ; je perçois le monde comme bon et je l'interprète dans le sens du bien. Mais, quand je tiens quelque chose pour bon et bien, je peux aussi l'aimer et exprimer mon amour. L'amour résulte de la foi, il est le comportement approprié à la foi et non un commandement qui nous est imposé et qui nous dépasse. Quand j'ai reconnu une chose comme bonne et qu'elle m'est devenue chère, de moi-même je la traite bien, je l'aime et je me comporte bien avec elle, et je parlerai aussi d'elle en bien, car dans la louange, j'exprime par la parole ce que je reconnais et ce que je vis comme bien. Le lien entre croire, aimer et louer traduit pour moi la structure fondamentale du message chrétien. Jésus ne nous a pas imposé toute une série de nouveaux commandements, mais nous a d'abord enseigné à porter un regard nouveau sur notre vie, sur le monde et sur Dieu. De cette nouvelle vision, qu'il a vécue avant nous-mêmes, découle naturellement un comportement nouveau et un sens nouveau de l'existence. Par son attitude envers les hommes, par ses paroles, par sa vie et par sa mort, Jésus nous a ouvert les yeux, il nous a permis de concevoir la foi comme un point de vue nouveau, l'amour comme un comportement nouveau et la louange comme expression de notre nouveau sentiment d'exister.

I

UNE VISION POSITIVE DE LA RÉALITÉ

La foi est une façon de voir la réalité et de l'interpréter. Elle la considère du point de vue de Dieu et selon l'interprétation que la Bible et la Tradition spirituelle ont développée. Pendant des siècles, la question fondamentale des philosophes a été : « Qu'est-ce qui est réel ? Pouvons-nous connaître la réalité telle qu'elle est ? Sommes-nous capables seulement de percevoir des êtres, des phénomènes, ou pouvons-nous connaître leur nature[3] ? » L'histoire des différentes interprétations nous révèle que nous ne pouvons pas appréhender la réalité dans sa pure objectivité, mais seulement comme réalité subjective, interprétée. La connaissance de la réalité dépend en effet de notre perception subjective. Nous n'en voyons jamais que des morceaux et, selon le type de lunettes que nous avons chaussées, ces morceaux sont différents. Un paysage change d'aspect en

3. Voir K. LEHMANN, « Phänomen, Phänomenologie », *in Sacramentum Mundi*, Fribourg, 1969, p. 403.

fonction de la lumière dans laquelle il est plongé. Il paraît différent sous le soleil, sous la pluie ou dans le brouillard, et pourtant, il s'agit toujours du même paysage. Mais la lumière dans laquelle nous le voyons n'est pas seulement celle du soleil, c'est d'abord notre lumière personnelle, notre disposition intérieure. Si tout va bien, le paysage nous semble plus beau. Si au contraire nous allons mal, il ne nous convient pas, et rien en lui ne peut plus nous émouvoir.

La foi se présente donc comme un modèle très précis de perception de la réalité. C'est le modèle que nous propose l'Écriture sainte. A l'aide de ce modèle, nous ne voyons jamais le paysage sous son éclairage simplement subjectif ou objectif, mais nous le voyons comme création de Dieu. Et cette interprétation nous le montre encore d'une autre façon. Cette reconnaissance du paysage comme création éveille aussi en nous un état d'esprit particulier. Il y a donc trois modes d'éclairage qui, à chaque fois, nous font percevoir le paysage, c'est-à-dire la réalité, de façon différente : l'éclairage extérieur, celui du soleil ; l'éclairage intérieur, celui de notre humeur particulière ; et l'éclairage venant de notre modèle de compréhension : du modèle de la foi, ou encore du strict point de vue des sciences naturelles. En même temps, ces trois points de vue sont liés entre eux. Quand le soleil brille, la plupart du temps, cela éclaircit nos dispositions intérieures. Et quand nous sommes de bonne humeur, le monde nous paraît plus clair. De même, le point de vue de la foi influence aussi notre humeur, tout comme notre perception intérieure de la réalité.

Interpréter sa vie

Si à présent nous appliquons le point de vue de la foi à notre vie quotidienne, non seulement tous les événements qui la constituent vont nous apparaître sous un jour nouveau, mais nous irons aux choses et nous réagirons à elles dans une attitude intérieure différente et dans une disposition autre. Notre vie quotidienne nous impose des contraintes : nous devons travailler, nous devons nous entendre avec les gens, nous avons des devoirs vis-à-vis de notre famille, de notre entreprise, de notre commune et de l'État. Par ailleurs, nous avons une opinion sur tout ce que nous faisons : nous interprétons aussi notre activité. Nous ne sommes pas seulement occupés à notre travail, mais nous le commentons. Nous commentons d'ailleurs à peu près tout, et cela influence notre humeur. Dans les transports en commun, par exemple, nous observons les autres usagers, et inévitablement, nous en venons à nous dire : « A quoi peut-il bien penser, celui-là ? Comme il a l'air drôle », ou bien : « Il n'a pas l'air content. » Ou encore : « Comment peut-on s'habiller de cette façon ? Se conduire comme cela ? Je n'aimerais pas avoir affaire à celui-là. J'aimerais bien parler un jour avec celui-ci, il est sympathique. Etc. » Ou bien, lorsque nous accomplissons un travail, quand nous terminons une lettre à notre bureau, quand nous rangeons notre chambre, quand nous travaillons dans le jardin, nous y allons toujours de notre commentaire. Nous nous répétons : « Vraiment, c'est ridicule, encore ce travail idiot ! Quand est-ce que j'aurai fini ? On me donne toujours les choses les plus désagréables. L'une derrière l'autre. N'y a-t-il rien de plus important à faire en ce moment que d'écrire cette lettre ? » Le commentaire que nous donnons à notre travail dépend de notre humeur, mais il peut aussi influencer notre humeur. Si nous commentons notre vie de façon négative, nous serons aussi d'humeur négative. Et vice-versa, si nous voyons les bons aspects de notre travail, il nous apportera aussi des satisfactions.

En fait, c'est à nous de décider de la façon dont nous voulons commenter notre vie. La foi interprète délibérément les choses du point de vue de Dieu. En tout, elle voit Dieu au travail. Dieu me parle dans toutes les choses de ma vie : il me demande cette tâche, il m'accompagne dans les difficultés, il m'aide, il est à mes côtés, il est en moi, son Esprit m'anime et me donne de l'énergie. Quand je vais travailler dans cet état d'esprit, mon travail m'apparaît sous un autre jour. Je l'accepte comme une tâche que Dieu me demande d'accomplir. Et si quelque chose va de travers, je ne me l'explique pas aussitôt comme une défaillance personnelle ou comme une agression de la part d'autrui, mais j'en parle avec Dieu, je lui demande ce qu'il veut me dire par là. Il ne s'agit pas d'interpréter précipitamment tout ce qui se produit comme volonté de Dieu, mais de se demander où est la volonté de Dieu dans ce qui se produit.

Je citerai l'exemple de cette jeune femme qui veut prendre sa voiture pour se rendre à son travail. Or, cette dernière refuse de démarrer. La jeune femme en conclut aussitôt que Dieu ne veut pas qu'elle aille travailler, et elle reste à la maison, en ayant déduit un peu vite et dans son sens que c'est la volonté de Dieu... Dans cette situation, il est vrai, il aurait été tout aussi absurde de pester toute la journée contre cette imbécile de voiture, contre le garagiste qui vous a refilé ce tas de ferrailles, ou contre le monde entier qui s'est ligué contre vous, et que, s'il doit y avoir quelque chose qui ne va pas, c'est toujours à vous que cela arrive : cela aurait été également mal interpréter l'événement et le définir dans un sens très spécial. Interpréter dans la foi, cela signifie non pas donner hâtivement un sens à l'événement, mais se demander : « Qu'est-ce que Dieu veut me dire à travers cela ? » Intérieurement, je prends au moins une distance par rapport à ce contretemps, je me réconcilie avec lui. Alors, il se relativise ; soudain, il n'est plus si terrible. Je découvre d'autres possibilités de réagir. Je ne peux rien changer au fait que ma voiture ne démarre pas. En revanche, l'interprétation de ce contretemps dépend de moi. Je peux, par exemple, appeler au travail et rire de ma mésaventure.

Interpréter, c'est avoir une réaction active, transformer la situation qui m'a handicapé, qui est un fait et que je ne peux plus changer. Ensuite, ce que je fais de cette situation, comment je la conçois, c'est mon affaire et c'est tout. Interpréter une situation en termes de foi, cela ne veut absolument pas dire lui donner aussitôt une expression religieuse. L'interprétation dans la foi peut aussi consister à développer son imagination pour considérer la situation et y réagir. Des modèles d'interprétation biblique peuvent certainement nous aider à la déployer.

Le jour de son anniversaire, une religieuse eut l'idée d'agrémenter la pause de l'après-midi ; elle fit du café, alluma des bougies et attendit ses consœurs. Mais celles-ci n'étaient pas prévenues. Et ce jour-là, justement, elles ne vinrent pas, étant retenues par une chose ou l'autre, si bien que la Sœur les attendit en vain dans son bureau. Déjà, elle se laissait envahir par la déception et la tristesse. « Bien sûr, c'est aujourd'hui qu'elles me laissent toute seule ! », pensait-elle. Tout à coup, elle eut une idée, se saisit du téléphone et appela la portière : les invités n'arrivaient pas, il y avait encore de la place, voudrait-elle venir ? La portière n'y comprit rien, mais elle vint quand même. Dans son bureau, la Sœur lui donna ses explications. Il y avait justement des femmes de ménage qui travaillaient dehors : elle les invita aussi ; et elles passèrent ensemble un moment très agréable : ce fut une belle pause-café, un vrai cadeau d'anniversaire. La religieuse avait utilisé la parabole biblique du festin royal comme modèle d'interprétation de la situation, et tout à coup, elle avait pu réagir activement et avec imagination à sa déconvenue. Finalement, elle avait fait grand plaisir à la portière et aux femmes de ménage, et pas simplement à elle seule. Si elle s'était enfermée dans son amertume, son anniversaire aurait été gâché. Son interprétation lui avait permis de le vivre sous un nouvel éclairage. Cette idée, qui lui était venue soudainement, était une solution caractéristique de deuxième niveau.

Il y a des gens qui voient tout sous un jour triste, leur travail, leur famille, la société, la politique. La plupart du temps, ils peuvent dénombrer toute une série de faits qui confirment leur vision négative de la vie. Dans notre communauté monastique, beaucoup de choses ne vont pas : nous ne sommes pas une communauté idéale, nous ne sommes qu'une communauté d'êtres humains, avec leurs défauts et leurs faiblesses. Mais je peux soit gaspiller mon énergie à gémir sur l'état de désolation où se trouve la communauté et soupirer qu'il n'y a plus rien à faire, soit considérer la situation sous l'angle de la foi. Alors, je crois que Dieu n'a pas abandonné cette communauté, qu'il la porte, avec toutes ses faiblesses, et qu'il peut la renouveler par son Esprit ; alors, je ne me laisse pas aller et je cesse de répandre autour de moi une atmosphère négative. J'interprète cette situation comme une invitation de Dieu à m'ouvrir moi-même à son Esprit, car ce que je vois de négatif dans la communauté existe aussi en moi et doit d'abord être transformé en moi. Je considère cela comme une incitation à m'impliquer personnellement dans le renouveau de la communauté, non pas avec l'aveuglement d'un réformateur zélé, mais dans l'espérance que Dieu pourra y faire aussi de grandes choses.

En interprétant la situation de la communauté sous l'angle de la foi, je peux réagir d'une façon appropriée. Du point de vue divin, la foi découvre de nouvelles possibilités, mais ne propose pas de solution utopique. Malheureusement, on rencontre souvent ce type de solution dans les milieux religieux. Beaucoup de ceux qui entrent dans une communauté monastique pensent que des personnes qui se consacrent exclusivement à Dieu doivent véritablement former une société idéale. Et ils sont très vite déçus quand ils s'aperçoivent qu'il ne s'agit que d'êtres humains très ordinaires, avec leurs défauts et leurs faiblesses. Beaucoup souffrent toute leur vie de l'imperfection de leur milieu. Ils ne remarquent pas que le problème n'est pas la communauté en elle-même, mais leur envie de solution fausse, leur représentation utopique d'une société idéale. Même dans une communauté imparfaite, il est possible de bien vivre. Il me faut seulement un peu d'humour, de sérénité et d'humilité pour me garder de tout sentiment de supériorité, parce que je sais que moi-même je ne suis pas parfait. Mais si je m'accroche à une représentation utopique, ou bien je souffre constamment de cette imperfection, ou bien j'ai recours à des tentatives de solution qui, sous couvert de charité chrétienne et d'esprit monastique, visent à imposer de force une amélioration et n'aboutissent qu'au contraire.

Ce qui est valable pour une communauté monastique l'est également pour une entité conjugale. Souvent, si les couples en arrivent là aussi à la rupture, c'est parce qu'on les a chargés de représentations idéales. Une opinion répandue voudrait que, en tant que croyants, ils mènent une vie de couple authentiquement chrétienne, observent la prière commune, manifestent l'un pour l'autre un amour indéfectible et des égards constants, soient toujours prêts à pardonner et à revenir à l'autre et, de plus, être disposés au renoncement et à une vie simple. Pour bons que soient ces idéaux, c'est trop exiger de l'autre et de soi-même quand on se les jette réciproquement à la figure. Le problème, alors, ce n'est pas les époux, mais leurs représentations utopiques du mariage. Plus ils se forcent à atteindre leur idéal, plus leur vie commune est difficile. Leur désir de vivre à deux le paradis transforme leur existence en enfer. La foi ne nous impose pas d'utopies, elle veut donner un sens à notre vie. Certes, il n'est pas question de se laisser aller à la résignation et d'abandonner purement et simplement l'idée du mariage chrétien, mais il faut accepter humblement notre condition d'êtres humains, avec nos souhaits tout à fait égoïstes, et des pensées qui ne correspondent pas toujours à nos idéaux. Nous devons accepter les faits tels qu'ils sont ; ensuite, nous pouvons en chercher le sens. Puis, nous découvrons que malgré nos conflits, notre conjoint est toujours pour nous le médiateur vers Dieu. Nous comprenons que, dans la tiédeur de nos sentiments, existe encore le désir d'un amour vivant, qu'en nous est la source de l'amour divin qui sans cesse veut ranimer notre amour fini et limité d'homme et de femme.

Non seulement les solutions utopiques rendent la vie en communauté plus difficile, mais elles compliquent aussi notre vie personnelle, notre relation avec Dieu. Là aussi, beaucoup pensent qu'il faudrait sentir continuellement la présence de Dieu, être toujours en communion avec lui, avoir constamment des sentiments pieux et saints, être toujours rempli du Saint-Esprit. Quand on a ces représentations idéales, on exige trop de soi-même, et cela aboutit souvent à la déception, à la dépression, voire à l'abandon de la foi et de toute pratique religieuse. Comme on ne peut pas s'excuser de ne pas correspondre à l'idéal tel qu'on se le représente, on tombe dans le comportement inverse. Beaucoup essaient de se cramponner à leurs illusions tout simplement en évitant de voir ce qui est négatif chez eux, en adoptant l'attitude terriblement simplificatrice qui consiste à fermer les yeux sur leurs doutes et devant leur incroyance latente. Ou bien encore ils dépeignent leur vie sous des couleurs beaucoup trop roses. Tout devient extraordinaire. La retraite que l'on vient de faire était tout simplement l'événement de l'année. Pendant le temps de silence, on a eu une expérience de Dieu bouleversante. Et on aime tellement Dieu qu'il ne peut y avoir de problème. La prière résout absolument tout d'elle-même. Tout est merveilleux.

La foi n'a pas besoin de tels embellissements. Elle donne sens aux faits. Si j'interprète mon vide comme le désert où Dieu veut m'emmener, je peux très bien y découvrir et y vivre une expérience de Dieu intense. Je n'ai pas à refouler mon vide intérieur, mon aridité et mon éloignement de Dieu. La foi ne refoule pas. Elle permet tout, mais interprète. Au milieu de mon vide et de mon désert coule aussi une source, au milieu de ma nuit brille aussi une lumière.

Deux types de plaintes reviennent régulièrement : « Je n'arrive plus à prier – Je n'arrive plus à croire. » Là aussi la responsabilité en incombe souvent à nos représentations utopiques. Celui qui pense que dans la prière il doit faire l'expérience de Dieu, lui présenter ses problèmes et, dans la foulée, recevoir sa réponse, est vite persuadé de ne pas savoir prier du tout, parce qu'il n'obtient pas instantanément ce qui correspond à ses attentes. Il faut d'abord s'interroger sur les prémisses : Est-il absolument nécessaire que les mots me viennent sur les lèvres de façon si spontanée ou si recherchée et que j'entende aussitôt la réponse de Dieu, ou au moins que je sente sa présence ? Quand les mots me manquent, je peux tout simplement présenter ma situation à Dieu. Si je ne m'attends pas à un miracle immédiat, je serai dans un état d'esprit plus tranquille. Tout au fond de moi, je peux me dire : Dieu est là en ce moment, il me regarde, il me porte, même si je ne peux pas encore sentir sa présence. Je reste ainsi, désarmé, et cette station prend pour moi le sens d'une halte devant lui, d'une permission de me reposer devant lui. Je n'ai pas à ressentir quoi que ce soit. Rester là devant Dieu suffit. Si je conçois ainsi ma tentative de prière, je crée les conditions pour sentir effectivement quelque chose de la proximité de Dieu, pour accéder au repos et trouver la paix en lui. Cette conception de la prière m'ouvre la voie de la prière authentique, alors que les représentations utopiques de la prière m'en interdisent l'accès.

Beaucoup se plaignent d'avoir déjà énormément prié sans obtenir d'amélioration : ils ne sont toujours pas venus à bout de leur susceptibilité et de leur jalousie ; ils continuent à appréhender leur manque d'assurance dans certaines situations, craignent de se mettre à rougir ou à transpirer. En ce cas, toute prière, toute pensée positive, et tout discours ne servent à rien : plus ils prient, plus ils vont mal. La solution quantitative n'est ici d'aucun secours. Celle qui consiste à apporter une interprétation positive serait bien meilleure : je n'ai pas du tout à prier pour que ma peur s'en aille, car j'ai le droit d'avoir peur ; mais en même temps, dans ma peur, je peux penser que Dieu est près de moi. Cela ne chasse pas ma peur, mais cela la relativise. Je peux vivre avec. Rien ne m'oblige à être sûr de moi en toutes circonstances. D'ailleurs, il est peut-être bénéfique pour moi que mon manque d'assurance soit perceptible : cela crée des liens, cela rend sympathique, me fait paraître plus humain. Il en va de même pour ma susceptibilité : j'ai le droit d'être susceptible. Je ne dois pas forcément me débarrasser à tout prix de ma susceptibilité. En revanche, je peux l'interpréter. Elle pointe du doigt les aspects de ma personnalité que je ne peux pas encore accepter, elle m'oblige donc à me mettre honnêtement à l'écoute de ce qui se passe en moi et à me réconcilier avec moi-même.

Nous avons bien souvent l'impression qu'il y a longtemps que nous nous sommes acceptés nous-mêmes, mais nos réactions émotionnelles sont plus révélatrices que nous voulons bien l'admettre. Si à travers ma susceptibilité je reconnais le message que Dieu veut me faire passer à mon sujet, je n'en souffre plus, même si elle ne s'évanouit pas d'elle-même. Je peux vivre avec elle, je me réconcilie avec elle, et cela la relativise : tout à coup, elle se mettra à diminuer. N'étant plus polarisé sur l'obligation de la perdre, elle n'est plus mon problème principal. Je l'accepte comme m'étant impartie par Dieu. Elle devient ainsi une part de moi-même et ne me dérange plus. Peut-être puis-je même remercier Dieu de m'obliger ainsi à continuer à travailler sur moi, à rester vivant, à ne pas me croire supérieur aux autres, à ne pas tomber dans la démesure. Ma susceptibilité et mon manque d'assurance fixent les limites à l'intérieur desquelles je dois vivre. Elles constituent aussi pour moi une protection, afin que je garde les pieds sur terre et que je n'exige pas trop de moi-même. L'interprétation de ma susceptibilité et de mon manque d'assurance m'apporte ainsi la paix et la sérénité dans mes peurs et mes sentiments d'écorché vif. J'abandonne la poursuite vaine et frustrante de l'utopie qui me verrait un jour totalement délivré de l'angoisse et de la susceptibilité, du manque d'assurance et de la jalousie. La solution qui consiste à interpréter une situation est une attitude moins contraignante, qui me laisse vivre en toute sérénité.

Il ne faut pas balayer d'un revers de main les plaintes qui concernent l'impossibilité de croire en utilisant des arguments à bon marché tels que « la foi donne sens à la vie », ou « la Bible a toujours raison ». Il faut d'abord se demander ce que cela veut dire concrètement : en quoi et pourquoi je n'arrive pas à croire. Souvent, il ne s'agit pas de croire ou non dans la révélation divine, mais de croire dans l'amour et dans l'aide de Dieu, de croire qu'il me guide. On se heurte souvent à des expériences de déception et de désespérance, de résignation et de doute, de solitude et de sentiment d'abandon. Rien ne sert, dans ce cas, de se lancer dans une argumentation théorique ou de vouloir persuader l'autre qu'il lui suffit simplement de croire, que Dieu le conduit déjà. L'invitation simpliste à croire relève du paradoxe type. On ne peut pas plus imposer à quelqu'un de croire que d'être spontané. Mais on peut, avec lui, tenter d'interpréter différemment sa situation. Je peux aussi lui expliquer comment moi-même, dans ma vie, j'ai fini par interpréter ce type d'expériences. Peut-être reprendra-t-il à son compte mon modèle d'interprétation. Je peux encore lui montrer qu'il ne voit sa situation que sous un seul aspect, et qu'il pourrait essayer malgré tout de la considérer à partir d'un point de vue différent ou au moins se demander : est-ce que je dois nécessairement voir les choses sous cet angle ? Ne pourrais-je pas non plus comprendre cela autrement ?

Dois-je donc interpréter mon échec à l'examen comme une défaite un point c'est tout, ou comme un abandon divin ? Ne pourrais-je pas aussi y voir un défi à relever ? Bien sûr, je ne peux pas imposer cette interprétation à autrui, mais s'il voit qu'au moins un autre modèle d'interprétation est possible, on a déjà bien avancé.

On peut appréhender toute situation de plusieurs points de vue. Si Tom Sawyer avait considéré la peinture de la palissade du point de vue de sa colère, le travail lui aurait paru pénible et, à cause des moqueries de ses amis, son sentiment de rancœur se serait encore renforcé. Mais en adoptant un point de vue différent, il a aussi transformé la situation, et de cette façon, l'après-midi s'est déroulée autrement. Le problème est de définir quelle est l'interprétation la plus adaptée à la réalité. Peu importe, dans cet exemple, de savoir ce qui est vrai ou non : dans les faits cela ne change rien, il s'agit toujours de peindre la palissade. La seule question est de savoir comment je perçois cet état de fait et comment je le gère. Cela dépend en grande partie de ma propre décision : comment vais-je m'adapter à cette réalité, comment vais-je interpréter la situation ? En faisant ce choix, non seulement j'influence mon état d'esprit, mais encore j'interviens sur le cours des événements, car c'est moi qui décide de la façon dont je vais concevoir ma journée et dont je vais relever les défis qui se présenteront. Je peux considérer que tout ce qui m'arrive me surmène, que je n'y trouve aucun plaisir, que tout est absurde, que personne ne fait attention à moi, etc. Ce point de vue transformera réellement mon travail en fardeau. Je me sentirai surmené. Je serai rapidement fatigué, stressé, tendu, et le médecin, en observant ces symptômes physiques, pourra constater qu'il y a effectivement surmenage. Pourtant, cela ne tient pas aux faits, mais à mon interprétation des faits, à mon adaptation. Si je conçois ma journée comme un défi que Dieu me lance, comme un challenge que Dieu me croit capable de relever, mais aussi dans lequel il m'accompagne, ou encore, si j'y vois l'opportunité de répandre autour de moi une bonne ambiance, d'aider les autres dans mon travail, d'être heureux de m'impliquer dans une tâche, non seulement je travaillerai dans un état d'esprit positif, mais encore le travail ne me fatiguera pas aussi facilement : j'y déploierai mon imagination et ma créativité, et si j'ai un travail monotone, je pourrai toujours en découvrir les potentialités et innover.

Mais hélas, nous ne pouvons pas retourner aussi facilement toutes les situations. La solitude, la maladie, le doute, la mort sont des circonstances qui ne se laissent pas arranger si aisément. Ce sont des cas où il nous faut attendre de Dieu une Parole qui donne sens à notre problème. Son interprétation n'est pas de notre ressort, elle doit venir de Dieu. Dans la Bible, Dieu a mis à notre disposition de nombreux modèles d'interprétation, qui peuvent convenir à de nombreuses situations de notre vie. On y découvre des circonstances dans lesquelles nous pourrions nous trouver nous-mêmes et que nous avons déjà expérimentées comme sans issue. Mais la Bible les interprète d'une façon souvent surprenante. Le récit du rêve de Jacob (Gn 28, 10-22) – l'échelle dressée vers le ciel – donne sens, par exemple, aux obstacles sur lesquels nous trébuchons généralement dans notre marche vers le lieu où Dieu lui-même fait irruption dans notre vie, où une échelle fait le lien entre le ciel et la terre, où Dieu nous est proche et nous bénit. Le combat de Jacob avec le personnage ténébreux, qui par la suite se révèle être Dieu lui-même, nous présente les crises dans lesquelles nous nous débattons sans plus savoir comment nous en sortir (Gn 32, 23-33) : nous avons l'impression que le monde entier s'est ligué contre nous, que nous ne pouvons rien contre le destin, nous sommes confrontés à nos profondeurs, les ténèbres menacent de nous engloutir. Cette situation, la Bible l'interprète comme une rencontre avec Dieu : là où nous ne ressentons absolument pas sa présence, là où notre vie est en danger, Dieu peut nous toucher et nous bénir et, bien que blessés, nous sortirons plus forts de ce combat.

L'histoire d'Élie (1 Rois 19) nous dépeint d'abord une solution fausse caractéristique. Élie pense pouvoir éradiquer par la force tout ce qui est négatif. Il anéantit tous les prêtres de Baal, représentants du dieu de la fécondité, de l'ambition, du succès et de la célébrité, de la richesse et du plaisir. Mais les ennemis de l'âme, les forces des ténèbres ne se laissent pas extirper radicalement. Ils réapparaissent en la personne de la reine Jézabel, qui veut sa mort. Alors, Élie se résigne : « Je ne suis pas meilleur que mes pères », dit-il. Il sent qu'en lui non plus tout n'est pas inspiré de l'Esprit de Dieu, mais cela, il ne peut pas l'accepter, car il tient à son image de partisan de Yahvé pur et zélé. C'est pourquoi il finit par se coucher et demander la mort. Alors arrive l'ange du Seigneur qui par trois fois le réveille en prononçant ces paroles : « Lève-toi et mange ! » Fortifié par cette nourriture, Élie marche quarante jours dans le désert jusqu'à la montagne sainte de l'Horeb.

Ce récit interprète notre propre expérience, l'expérience de nos ténèbres, l'expérience de notre impuissance, en dépit de nos pensées idéalistes, à extirper hors de nous la noirceur et le mal, la cupidité et les instincts mauvais. Au lieu de nous résigner ou de nous engouffrer dans un zèle fanatique, nous devons tenir compte de la force que Dieu nous dispense. Nous n'avons pas à exterminer les *baals* qui sont en nous. Nous trouverons le réconfort dans l'énergie que Dieu nous donne, dans la parole d'un ange, d'un homme qui s'adresse à nous, dans le repas qu'il nous tend dans l'Eucharistie. Alors, nous traverserons tous les déserts, et envers et contre tous les ennemis de notre âme, nous réussirons à atteindre la montagne où nous trouverons Dieu dans le murmure du vent.

Les récits bibliques nous révèlent le sens de nos expériences et nous en donnent une interprétation correcte qui nous permet de les gérer comme il faut. Quand nous ne savons pas interpréter ce qui nous advient, quand nous n'arrivons pas à comprendre la crise dans laquelle nous sommes tombés, nous réagissons souvent sans réfléchir. Alors, cette crise ébranle l'ensemble de l'édifice qui faisait jusque-là notre existence et nous pensons que notre vie est détruite. En réalité, cela peut se transformer en rencontre avec Dieu et en nouveau départ ; mais il nous est impossible d'établir nous-mêmes le sens profond de ce qui nous arrive : nous avons besoin d'une parole extérieure, nous avons besoin d'un récit qui interprète notre situation et qui nous indique une voie pour progresser intérieurement, pour trouver Dieu dans tout ce désordre.

C'est dans la vie et dans le message de Jésus que nous rencontrons l'interprétation de la réalité la plus profonde. Par ses paroles, Jésus interprète notre vie. En un instant, il nous fait voir tout sous un autre jour. « *Heureux les pauvres* », dit-il, et il promet aux affamés le Royaume des cieux. Les personnes excessivement pieuses ne le comprennent pas, mais en le rencontrant, les pécheurs se convertissent. Cette interprétation commence dès sa naissance : les bergers, qui sont des marginaux dans la société de l'époque, le reconnaissent, tandis que les bourgeois le renvoient et que le roi veut attenter à sa vie. Dans les récits de guérison, Jésus ne se contente pas d'interpréter, il transforme aussi les hommes : il rend la vue aux aveugles, guérit les lépreux, fait marcher les paralytiques, entendre les sourds, et parler les muets. Ces récits de guérison nous invitent à interpréter, aujourd'hui encore, nos maladies. Dans notre aveuglement, nous voyons déjà ; dans nos paralysies, nous pouvons sortir de nous-mêmes ; dans notre mutisme, nous pouvons déjà parler. La rencontre avec le Christ nous fait découvrir dans nos maladies et à l'intérieur de nos limites, nos nouvelles possibilités de vie et de salut. Jésus dit au malade : *« Ta foi t'a sauvé. »* Avant sa guérison, sa foi l'aidait déjà en lui montrant sa vie d'handicapé sous un autre jour. C'est parce que, dans la foi, il voit déjà sa vie autrement, que Jésus peut effectivement le guérir. Parce que, dans sa maladie, il se sait porté et protégé par Dieu, celle-ci peut aussi, à présent, disparaître extérieurement.

Mais interpréter, ce n'est pas faire disparaître toute maladie, et avant tout la mort. Jésus n'a supprimé ni la maladie ni la mort. Au contraire, lui-même s'est soumis à la mort, une mort ignominieuse sur la croix. Seul, méprisé par les hommes, incompris, en situation d'échec, il est mort au Calvaire, livré aux regards des voyeurs. Sa mort est ainsi l'interprétation de notre vie la plus radicale qui soit. Les évangélistes nous l'ont décrite sans chercher à l'édulcorer, parce qu'ils savent qu'elle n'est que le passage qui mène à la résurrection. Quand ce Jésus qui meurt ainsi abandonné sur la croix est ressuscité par Dieu, il n'y a plus de mort pour nous qui ne soit déjà abolie et transformée en résurrection, il n'y a plus de solitude, plus de doutes, plus d'échec, que Dieu lui-même n'ait transcendés et métamorphosés. Ainsi, la mort et la résurrection de Jésus redéfinissent-elles à la base la réalité de notre vie. Ainsi, jour après jour, la célébration de l'Eucharistie nous permet-elle de persévérer dans la vision de notre vie et de notre mort auréolées d'une lumière nouvelle, et de les repenser dans la foi.

Promettre à une personne alitée, atteinte d'une maladie incurable que Dieu va la guérir ne l'aidera en rien ; souvent, ces tentatives de solutions utopiques empêchent d'accepter la maladie comme venant de Dieu. Il est plus humain d'accepter la maladie et d'en chercher le sens : « Qu'est-ce que Dieu veut me dire par cette maladie ? Dans quel but m'a-t-il imposé cette maladie ? Comment puis-je faire l'expérience de Dieu dans cette maladie ? Quel sens peut bien avoir ma vie pour s'achever de façon si douloureuse ? » Si je conçois ma maladie comme participation aux souffrances du Christ pour son corps, l'Église (cf. Col 1, 24), je lui trouve un sens, je sais que je ne souffre pas en vain, que par ma souffrance, d'autres iront mieux. Beaucoup de personnes âgées et seules savent porter leur maladie avec patience et dans l'abandon parce qu'elles la portent pour d'autres. Cette pensée les aide à ne pas se sentir inutiles et à trouver une valeur à leur épreuve. En la prenant sur eux, ils aident les autres à voir leur vie et à apprendre à vivre de façon nouvelle. Le récit de la Passion de Jésus nous donne la possibilité de penser notre maladie comme une participation aux souffrances du Christ, pour les autres, et ainsi de l'accepter et de la supporter.

La résurrection de Jésus donne une interprétation à notre mort. Celle-ci n'est plus un dénouement sans aucune espérance, mais un passage. Dans la mort, nous sommes happés dans la vie nouvelle de la résurrection. Cette interprétation nous préserve de la tentation de refouler la mort, de l'ignorer tout simplement en tant que problème. Elle nous empêche aussi de nous engager dans la solution utopique qui nous promet la jeunesse éternelle si nous menons une vie équilibrée et si nous nous soumettons aux cures de rajeunissement préconisées. Elle nous enlève l'angoisse de la mort. Elle nous laisse l'accepter dans notre vie. La mort réajuste notre système de valeurs, nous désigne ce qui compte vraiment. Dans la mort, nous ne pouvons rien emporter, ni nos succès, ni nos biens, ni les personnes que nous aimons. Nous pouvons seulement nous rendre à Dieu, tendre nos mains vides et nous laisser tomber dans ses bras aimants. Dans cette perspective, nous pouvons vivre en toute sérénité, dans un juste rapport avec les choses. Notre travail, ce que nous possédons, notre entourage, tout est relativisé et reçoit sa juste place. Vivre avec la mort signifie aussi vivre intensément, tout entier dans le présent, vivre dans l'instant, sentir ce qu'est la vie : un don de Dieu totalement gratuit, que nous devons lui restituer. Si nous acceptons la mort en toute conscience, nous pouvons vivre libérés de l'angoisse et comprendre quelque chose du mystère de notre vie, de la puissance de Dieu qui s'accomplit dans notre faiblesse. Cette loi de la grâce n'est pas seulement valable pour la mort, mais elle concerne chaque instant de notre vie. Ce qui compte, ce n'est pas de « faire », mais d'être à la disposition de Dieu, pour que sa puissance puisse se déployer dans et à travers notre faiblesse.

r le monde un regard neuf

re, cela signifie adopter l'interprétation de Jésus sur la vie et le monde. Cela veut dire porter sur le monde un regard de bonté, bienveillant, l'accepter comme le monde du Bon Dieu. Alors, nous ne le percevons pas comme quelque chose d'étranger et lourd de menaces, mais comme création divine. Le monde laisse voir Dieu par transparence. Il reflète la splendeur divine. A cause de ce regard nouveau, je me comporte différemment avec la nature, je la perçois différemment. Il ne s'agit pas là de panthéisme, mais de percevoir Dieu à l'œuvre dans sa création. Si je me promène dans la nature avec cette vision des choses, elle m'apparaîtra dans une dimension tout à fait nouvelle, elle me sera familière et j'aurai l'impression de ne faire qu'un avec elle. Elle est l'œuvre de Dieu, mon Créateur, et Dieu m'a créé de la même étoffe. La vie que je sens en elle est aussi ma vie, c'est la vie de Dieu.

Alors, tout laisse transparaître Dieu. La fleur reflète sa beauté. Le soleil laisse deviner sa chaleur et son amour. Dans le vent, l'Esprit de Dieu me frôle, il me secoue dans la tempête, souffle sur mes côtés poussiéreux et son murmure me caresse avec douceur. Je n'ai qu'à aller au fond des choses, je n'ai qu'à me mettre totalement à leur écoute, et dans leurs profondeurs je découvrirai Dieu. Je n'aurai jamais fini d'explorer cette nouvelle vision de la nature. Le mystère de Dieu habite la création. Ainsi, la création garde-t-elle toujours son attrait pour moi. Je perçois toujours en elle quelque chose du mystère infini de Dieu et cette nouvelle vision débouche sur une nouvelle perception de moi-même. A l'intime de moi-même, je sens aussi la vie de Dieu qui, autour de moi, se meut de façon si variée dans la nature. Et si je me sens vivant, je n'ai pas à me casser la tête pour chercher le sens de la vie. Quand je me sens vivant, ma vie est toute signifiante. La vie en soi a du sens.

Cette vision de la nature est caractéristique de la mystique chrétienne, dans laquelle inspiration et expérience de Dieu ne sont pas coupées du monde, mais englobent le monde. Pour de nombreux mystiques, le sentiment fondamental de l'existence est celui de l'unité : ils sentent qu'ils ne font qu'un avec Dieu, et de même avec la nature qui les entoure. Il ne s'agit pas de panthéisme, mais du sentiment que l'Esprit de Dieu imprègne toute la création. Pour connaître la création dans toute sa vérité et dans toute sa réalité, l'homme a besoin d'en ressentir l'origine divine[4].

---

4. Voir Willigis JÄGER, *Kontemplatives Beten* (La prière contemplative), Münsterschwarzach, 1985, p. 29ss.

Cette nouvelle vision du monde apportée par la foi ne concerne pas seulement la nature, mais aussi le monde de la politique. Aujourd'hui, une vision largement pessimiste de la situation mondiale s'impose. Beaucoup craignent que la course aux armements insensée à laquelle nous assistons ne débouche sur une guerre catastrophique et que la détérioration de notre environnement ne conduise sous peu à la destruction de notre planète. Un regard réaliste sur la politique mondiale confirme le caractère parfaitement justifié de cette opinion : nous n'avons aucune garantie d'être à l'abri d'une guerre ou d'une catastrophe écologique. Si j'essaie de considérer la situation du point de vue de la foi, bien sûr, je n'ai pas le droit de passer à côté des faits, mais ce qui importe, c'est la façon dont je les interprète.

Il y a des gens qui ont les yeux rivés sur les catastrophes, à la manière de lapins hypnotisés par la peur devant un serpent et qui, finalement, sont incapables de réagir activement. Ou inversement, ils se laissent aller à des réactions très violentes parce qu'ils ne peuvent pas supporter leur impuissance. Cette rage est compréhensible, car si je pense que tout dépend de moi, de mes démonstrations et de mes actes, et que je constate que rien, ou presque rien, ne change, je ne peux que réagir par une colère d'impuissance. Mais dans la foi, je sais qu'en dépit de tout, c'est Dieu qui est le Seigneur de l'univers, que ce monde n'appartient ni aux dictateurs, ni aux présidents, ni aux terroristes d'aucune sorte, mais qu'il est dans la main de Dieu. Cela me donne l'espérance que Dieu, malgré tous les échecs des hommes, peut tout guider vers le mieux. La foi me donne de l'air. Le sort du monde ne dépend pas du succès ou de l'échec de mon action.

Cependant, la foi n'est pas à ce point naïve pour penser que tout ira bien quoi qu'il en soit, et qu'il ne pourra pas y avoir de guerre puisque Dieu nous aime. Les faits parlent d'eux-mêmes contre une telle vision des choses. Il y a toujours eu des guerres, et nous n'avons aucune garantie qu'il n'en y aura plus. Mais la foi me donne l'espérance que, par la prière, Dieu instille progressivement dans l'être humain un processus qui infléchit sa pensée, que les idées de paix s'imposent peu à peu dans la réflexion des hommes politiques. La foi me donne la certitude que certes, ce monde passera, qu'il peut disparaître dans une catastrophe, mais que les hommes ne pourront pas l'empêcher de tomber en Dieu. Comme nous-mêmes, c'est par la mort que le monde ira à Dieu. Les images apocalyptiques de la Bible ne nous dépeignent pas les circonstances de la fin des temps sous un jour précisément optimiste, mais le but de ces ultimes tribulations est l'instauration du Royaume de Dieu. Alors, Dieu régnera sur le monde, et tout sera en Dieu.

Il ne s'agit pas de patienter en attendant l'Au-delà comme si nous n'avions rien d'autre à faire qu'à laisser les choses suivre leur cours, mais cette vision des fins dernières relativise notre action. Elle nous délivre du stress généré par l'idée que tout dépendrait de nous. Elle nous garde de la rage d'impuissance dans laquelle pourrait nous faire tomber le constat décevant de notre inefficacité. Repenser notre monde en termes de foi nous conduit à chercher pour les problèmes de notre temps des solutions plus réalistes que les délires utopiques qui inspirent aujourd'hui de nombreux « réformateurs » du monde. Quand il pense avoir trouvé une solution définitive et universelle, l'utopiste essaie d'imposer à tout prix sa solution, éventuellement par la force, ainsi que le décrit Watzlawick : « Il s'imagine qu'il détient la vérité, et non seulement la clé de la vérité mais encore l'obligation morale de supprimer tout ce qui ne va pas dans le monde. Partant du principe que la vérité, dans la mesure où elle est annoncée de façon suffisamment claire et suffisamment forte, doit convaincre tous les hommes de bonne volonté, il s'engagera d'abord dans une démarche missionnaire. Mais si cette dernière n'aboutit pas au succès escompté, il en rejettera la faute sur les obstinés qui se ferment à la vérité. Car le réformateur utopique est certain de détenir la vérité absolue. Utiliser la diabolisation de l'autre ne le dérange plus et, dans des cas extrêmes, l'idée que l'élimination de ce dernier est non seulement souhaitable, mais encore tout bonnement indispensable au bonheur de l'humanité, s'impose presque naturellement[5]. »

L'interprétation du monde ne justifie pas une situation donnée, mais elle prend acte des faits. Elle a confiance dans les promesses de Dieu. Elle partage les rêves que Dieu fait sur nous et sur le monde, mais elle sait aussi que le Royaume de Dieu, comme fin de notre monde, ne relève pas de nos catégories. La foi travaille à faire un monde plus juste, où la paix soit plus présente, mais elle ne tombe pas dans l'illusion qui voudrait que justice et paix soient le fruit de la seule raison et de la seule volonté. Le salut vient de Dieu, et parce qu'il vient par la croix, le croyant n'a pas peur des revers : il fait confiance à Dieu, et ne s'épuise pas à dénicher tous les faits négatifs en gémissant sur la médiocrité des hommes. Au contraire, il lui reste encore assez d'énergie pour faire les pas nécessaires en vue d'une transformation positive de notre monde, d'une transformation réaliste, équitable, et donc salvatrice, alors que toutes les tentatives de transfor-

5. *Lösungen..., op. cit.*

mation utopiques suscitent toujours d'autres problèmes et finissent par devenir elles-mêmes *le* problème.

Porter un regard nouveau sur son prochain

Aucun d'entre nous ne porte un regard objectif sur ses semblables. La plupart du temps, nous voyons les autres à travers la lorgnette de nos projections négatives. Nous projetons sur eux nos fautes et nous les classons définitivement, sans remarquer que ce faisant nous les enfermons dans une représentation limitée et partielle d'eux-mêmes. Croire, c'est au contraire regarder l'autre avec bienveillance, chercher en lui ce qui est bon. Bien sûr, ici aussi, la question est de savoir quel est le regard le plus approprié et le plus réaliste. Nos projections négatives ne sont pas inventées de toutes pièces, elles ont toujours un point d'ancrage chez l'autre. Dans cette mesure, elles sont partiellement objectives, mais elles ne voient l'autre que sous un angle négatif. Regarder notre prochain avec bienveillance, cela ne veut pas dire refuser de voir chez lui ce qui est négatif : cela veut dire regarder ce qui est bon en lui. Et ce noyau qui est bon est objectivement présent en lui, même si, bien souvent, nous ne voulons pas le voir. Si donc nous voulons regarder objectivement nos semblables, nous devons utiliser délibérément ce regard de foi positif.

Voir positivement autrui, c'est ce que saint Benoît appelle « croire au Christ dans son frère ». Dans la foi, nous découvrons qu'en l'autre il y a un bon noyau, qu'il y a un mystère qui le dépasse, qu'il y a en lui un noyau divin, que le Christ lui-même est en lui. Quand nous tâchons de le considérer avec cette foi, nous découvrons aussi du nouveau en lui ; nous découvrons sous la rèche écorce un noyau bon et tendre, nous devinons, à côté de ce qui est abîmé, son aspiration à s'accomplir, à être bon, saint, à vivre réconcilié avec lui-même et avec le monde. En outre, il a été créé par Dieu, et de surcroît, Dieu l'aime et croit en lui. Quand nous considérons notre prochain à partir de ce modèle, nous lui donnons la possibilité de reprendre notre perception à son compte et de se mettre à croire qu'il y a du bon en lui. Alors, quelque chose va se transformer en lui. La vision que nous avons de lui va lui permettre de se concevoir lui-même autrement, de se vivre différemment et de s'engager dans une voie nouvelle.

Chaque être humain ne se contente pas simplement de vivre, il s'interprète constamment. Il interprète ce qu'il fait, il se juge, il se compare aux autres. Et cette perception de lui-même gouverne sa conscience d'être. Si je me considère comme un *looser*, comme un perdant qui ne peut pas supporter la comparaison avec les autres, je m'en sentirai d'autant plus mal. La vision que nous avons de nous-mêmes tient à nos expériences d'enfant, et à toutes les expériences que nous faisons jour après jour dans nos relations avec nos semblables, aux interprétations que nous recevons des autres. Si nous considérons positivement autrui, nous lui permettons d'appliquer à son propre compte l'interprétation que nous avons de lui.

Toutefois, cela ne sert pas à grand chose d'essayer de la lui imposer : si lui-même se considère comme un raté, il ne se débarrassera pas si facilement de cette opinion. Au contraire, plus nous tenterons de lui démontrer tout ce qu'il est capable de faire, plus il cherchera de raisons d'être moins bon que les autres... Oui, nous susciterons même en lui la mauvaise conscience de se considérer comme un raté en dépit des qualités qu'il possède ! Cette démarche serait caractéristique d'une solution fausse de type quantitatif. Mais si nous nous en tenons à notre point de vue, sans vouloir à toutes forces le lui imposer, mais simplement parce que nous sommes certains de ce que nous avançons, cela éveillera au moins sa curiosité. Peut-être essaiera-t-il alors de se considérer sous cet angle et d'avoir une autre opinion de lui-même.

La façon dont nous voyons nos semblables ne reste pas une affaire privée ; le regard que nous portons sur les autres n'est pas sans conséquence. Nous pouvons le remarquer, encore une fois, par exemple, dans les transports en commun. Le regard des gens imprime de sa marque une situation donnée. Quand quelqu'un me fixe, je perds ma contenance, ou je ressens une impression de malaise. Quand le regard de quelqu'un exprime l'ennui, cela a un effet contagieux. Je vois bien si on me regarde d'un air méprisant, arrogant, provocateur, si on me toise ou si on me respecte, si on est amical, si on me laisse le droit d'être tel que je suis. Notre façon de nous regarder dans les transports en commun n'est pas sans rapport avec notre foi. Je ne peux pas me présenter comme un chrétien convaincu si mes yeux disent que je ne crois pas. Ma foi ou mon absence de foi se révèle précisément dans ma façon de regarder mes semblables. La foi porte sur les autres un regard de bonté, croit au bien qui existe en eux, leur fait confiance, les laisse exister, ne veut ni les changer ni les dominer. Le regard de la foi cherche à éveiller la vie chez les autres, les invite à croire dans leurs propres potentialités.

II

UN AMOUR TRANSFORMANT

Quand mon regard change, mon comportement change lui aussi. Le modèle d'interprétation de la foi conduit au modèle comportemental de l'amour. Ce que j'ai reconnu comme bon, je le traite bien, je l'aime bien aussi. Ce qui est né dans mon cœur grâce à ce nouveau point de vue, je le traite avec précaution et avec tendresse. La foi est ainsi découverte d'une solution de second niveau par l'interprétation de la situation. L'amour est la mise en pratique de cette solution. La foi voit, l'amour agit. Non seulement l'amour traite bien, mais il fait du bien, il éveille à la vie le bien que la foi a découvert dans son interprétation de la réalité. L'amour transforme la réalité, il la façonne en bien, il y développe le bien. La foi interprète, l'amour transforme.

Sur aucun autre concept on n'a autant écrit que sur l'amour. Aussi n'entrerai-je pas dans une discussion sur ses différentes définitions ; je n'en développerai que l'aspect que l'étymologie nous suggère : avoir de l'affection, faire le bien. De ce point de vue, le sentiment ne joue qu'un rôle secondaire : c'est l'action qui est déterminante, non pas l'acte extérieur, qui nous est imposé comme un ordre ou par devoir, mais un acte qui procède d'une vision. L'amour doit être vrai, il ne doit pas être affecté, ou se réduire à une amabilité de façade. Ce qui rend l'amour authentique, ce n'est ni un sentiment de sympathie débordant ni la passion, mais la confiance dans le bien qui existe chez l'autre. L'amour n'est jamais une question où seules d'autres personnes sont concernées mais, ainsi que le disait Jésus, elle concerne aussi Dieu et nous-mêmes. Nous considérerons brièvement ces trois aspects.

S'aimer soi-même

Si je crois que j'ai été créé par Dieu comme une créature bonne, qu'il m'aime et qu'il m'accepte tel que je suis, je dois me traiter de la même façon. Cela commence en se mettant à l'écoute de mes souhaits et de mes désirs les plus profonds et en m'accordant ce qui me fait réellement du bien. Bien sûr, cela peut se concrétiser par un bon repas, accompagné de bon vin. Mais cela ne va pas satisfaire mes besoins les plus profonds. Je dois me mettre à l'écoute de mes propres désirs et de mes propres aspirations. Je dois continuer mon introspection au plus profond de moi, jusqu'à ce que je bute sur Dieu en moi et que je comprenne ce qu'il veut de moi. C'est cela qui me fait réellement du bien ; c'est cela qui éveille en moi une vie authentiquement personnelle et unique, une vie indépendante, libre de toute attente par rapport aux autres, indifférente aux ordres de mon Surmoi, mais originelle et vraie. Je dois m'accorder cette vie et chercher à l'épanouir. Je le ferai en développant un style de vie personnel, en adoptant un mode de vie sain, dans lequel je me sens bien, qui me donne le sentiment de vivre de tout mon être et non d'être vécu par les autres, de vivre dans le moment présent, tout entier moi-même et tout entier à ce que je fais, et de marquer tous mes actes de mon empreinte.

Le sentiment d'« être vécu », mû et déterminé par les autres, génère l'insatisfaction. S'aimer soi-même consisterait à bien gérer notre temps et nos challenges et à faire nôtre ce qui vient à nous de l'extérieur. Si nous avons l'impression que les autres décident pour nous, si nous nous sentons persécutés par des délais, nous vivons cela comme une aliénation, comme si quelque chose d'étranger avait pris possession de notre vie. L'amour transforme cet élément étranger, aliénant, en quelque chose de personnel.

Si j'accepte librement le travail qui m'est imposé de l'extérieur comme un défi qui m'est lancé par Dieu, ce travail ne me reste pas sur l'estomac comme un corps étranger dont je voudrais me débarrasser le plus vite possible, mais il devient *mon* travail. Certes, l'objet de mon travail m'est prescrit. A cela je ne peux rien changer. Mais le « comment » reste mon affaire. Et en prenant en mains le « comment », je transforme aussi le « quoi ». Pour exprimer ce que je ressens intérieurement, je peux prendre l'exemple d'une pierre que je sculpte. Le travail que je dois faire est semblable à cette pierre que, par ma façon de travailler, je vais façonner à l'image de ce que je suis intérieurement. L'amour façonne et donne forme à ce qui m'est imposé pour le transformer en partie de ma personne.

S'aimer soi-même signifie s'accepter. De toutes parts on entend aujourd'hui ce conseil. Mais comment le suivre concrètement ? Aimer, cela veut dire avoir de l'affection, faire le bien, tenir à. Tenir, cela a quelque chose à voir avec mes mains ; accepter aussi, c'est l'affaire de mes mains. Quand je prends quelque chose dans mes mains, cela devient un prolongement de moi-même. S'accepter soi-même, cela signifie se prendre soi-même en mains, agir bien et avec tendresse envers soi-même. L'amour est quelque chose de tangible, quelque chose de charnel. Je me comporte bien avec moi-même quand je traite bien mon corps, que je ne dois pas ramollir, mais rendre transparent à Dieu : je dois écouter mon corps. Dans la maladie, les handicaps, la souffrance, il me parle : je dois accepter ce qu'il me dit, le prendre en mains, le laisser devenir une partie de moi-même, me réconcilier avec lui. Il en est de même des pensées qui se font jour en moi. Elles aussi, il me faut les accepter comme faisant partie de moi-même. Mais je dois aussi veiller à ce qu'elles ne me soient pas soufflées de l'extérieur et à ce qu'elles nc m'empêchent pas d'être moi-même. Il me faut parfois les combattre, en veillant à retenir celles qui sont bonnes et qui me seront salutaires.

Pour s'imprégner de bonnes pensées, les moines lisaient la Bible. Ils lisaient la Bible non seulement par amour de Dieu, mais également par amour d'eux-mêmes, car les paroles de la Bible dissipent nos pensées négatives et nous apportent le bienfait des pensées de Dieu, qui seules peuvent nous conduire à l'intime de nous-mêmes. En ce sens, toute ascèse est finalement de l'amour de soi. En effet, pratiquer l'ascèse, c'est prendre soin de nous, vouloir faire grandir toujours plus ce qui est bon en nous, et c'est en fait, par le moyen de la discipline, de la prière, de la *lectio divina* et du jeûne, nous employer à défricher les broussailles qui nous empêchent de nous développer et de nous épanouir.

Aimer Dieu

Que veut dire Jésus, et que veut dire l'Ancien Testament quand ils nous demandent d'aimer Dieu de tout notre cœur et de toute notre âme, de tout notre esprit et de toutes nos forces (Mc 12, 30). Tous, nous connaissons ce commandement. Mais qu'est-ce qu'aimer Dieu de tout son cœur ? Dans son discours d'adieu, Jésus dit : *Si vous m'aimez, vous garderez mes commandements* (Jn 14,15). Jésus décrit l'amour comme conduite, comme acte. Observer les commandements, cela signifie se comporter avec soi-même, avec sa vie, avec son temps, avec la création et avec les hommes de la façon que Dieu souhaite. L'amour de Dieu se manifeste dans un rapport correct avec ce qui le reflète, avec sa Création et avant tout avec le point culminant de celle-ci, l'homme.

Constamment, nous courons le danger de prendre pour Dieu ce qui n'est que le reflet de Dieu, de nous y perdre de telle sorte que cela prend pour nous une signification absolue. Nous idolâtrons les choses. Alors, tout dégénère. Nous devenons esclaves, esclaves du succès, de l'argent, de la soif de posséder, du prestige, de personnes que nous adorons, qui deviennent tout pour nous. Aimer Dieu de tout son cœur, cela veut dire mettre Dieu à la première place, traiter toutes choses conformément à la vérité, comme données par Dieu et non comme Dieu lui-même. Aimer Dieu, c'est donc finalement avoir un comportement réaliste avec les êtres et les choses, avec notre temps et avec notre vie. Si ma santé devient ce qui compte le plus pour moi, je me polarise sur moi-même, je suis obsédé par la crainte qu'il m'arrive quelque chose, j'idolâtre mon propre corps, et déjà je ne me comporte plus comme il faut avec moi-même. Si j'aime Dieu, certes, je prends soin de moi, mais je ne me ruine pas la santé à chercher d'obtenir encore ceci ou cela, au contraire, je m'accorde du temps et du repos et je ne m'obnubile pas sur moi-même et sur ma santé. Je suis disponible. J'accepte aussi la maladie comme venant des mains de Dieu, comme une chose à travers laquelle il me parle, par laquelle il me confronte à mes propres limites, met le doigt sur mon désordre intérieur, ou bien simplement exige de moi, dans son impénétrable sagesse, d'assumer une part du malheur du monde.

L'amour de Dieu s'exprime aussi dans notre attitude vis-à-vis de sa Création. Si je me comporte avec le monde qui est autour de moi comme avec un cadeau que Dieu m'a fait, je le protège et je le soigne, je ne l'exploite pas, je ne me pose pas comme son maître. Dieu est le maître de la Création, qui reflète sa magnificence et sa puissance. Dans mon comportement vis-à-vis de la Création, je veille toujours à y percevoir quelque chose de Dieu. Sa Création est traversée par son Esprit ; aussi, dans la Création, ai-je affaire à Dieu au sens le plus vrai, le plus authentique du terme. En elle, plein de crainte et de respect, je perçois tout un pan de Dieu, et j'ai conscience que mon amour pour Dieu, maître de la Création, se révèle dans ma façon d'aimer celle-ci.

Mais ne puis-je aimer Dieu que dans son reflet, dans mes semblables, dans la Création, dans ma propre personne ? La relation directe à Dieu n'existe-t-elle pas ? Les psaumes disent qu'aimer Dieu c'est méditer ses commandements, contempler ses faits dans l'histoire, approuver son œuvre dans la Création et dans l'histoire. Notre amour de Dieu se manifeste donc dans le temps que nous prenons pour lui et pendant lequel nous réfléchissons à ce qui préside à toute création et toute histoire, et aussi à notre vie. Ce mystère, qui dépasse toute réalité visible, la Bible le voit en tant que personne et le décrit sous un jour très humain, comme un Dieu aimable, mais souvent aussi comme un Dieu incompréhensible, dont les actes doivent être médités longtemps, avec lequel il faut lutter et combattre longtemps, pour finalement se rendre à lui et se remettre dans ses mains aimantes. Le monde et les hommes ne laisseront transparaître

Dieu que s'ils lui réservent du temps, que si, dans le silence, ils tendent l'oreille pour s'approcher de ce mystère, mieux le comprendre, et finalement ne faire qu'un avec lui.

Aimer Dieu c'est, en fin de compte, ne faire qu'un avec lui. L'amour, non seulement interprète, mais transforme. Il prend dans ses mains Dieu et son indicible mystère, et nous unit à lui. C'est là le but de tout amour : ne plus faire qu'un avec Lui, sentir concrètement que notre vie ne sera sauvée que dans cette mesure. Et pour expérimenter cela, il nous faut oublier le monde, les hommes, et nous oublier nous-mêmes, nous laisser entraîner en Dieu seul, nous abîmer en lui, tomber à genoux devant lui et l'adorer. Il n'est plus question, dans cet état, d'obtenir quoi que ce soit pour soi-même. Il n'est plus question de prier Dieu pour rien, même pas pour lui demander une solution à ses problèmes. Nous nous oublions nous-mêmes et oublions nos problèmes ; nous ne nous blâmons pas devant Dieu, et nous ne nous justifions pas davantage. Nous cessons de nous polariser sur nous-mêmes et tombons simplement à genoux, parce que Dieu nous touche, parce qu'il est plus important que notre propre personne. En nous tous est enfouie l'aspiration de pouvoir un jour, ne serait-ce qu'une fois, s'oublier soi-même et ainsi être touché par Dieu, pour qu'en nous se lève cette certitude : Dieu seul suffit. Alors, nous pressentons ce que veut dire aimer Dieu pour lui-même.

Aimer son prochain

Le commandement de l'amour du prochain nous semble excessif. Comment puis-je aimer quelqu'un qui ne m'est pas sympathique, qui fait naître en moi des sentiments négatifs ? Je ne peux pourtant pas me faire violence, je ne peux pourtant pas être malhonnête vis-à-vis de moi-même et vis-à-vis de l'autre… En fait, si nous partons du concept d'amour comme transformation de la réalité interprétée ou comme bon traitement de ce qui nous semble bien, cela ne nous oblige pas à réprimer nos sentiments négatifs et à manifester extérieurement un comportement bienveillant vis-à-vis de tous les hommes. En revanche, cela nous oblige à une nouvelle vision de l'autre. Nous devons mettre en question nos préjugés, essayer de regarder l'autre avec les yeux de la foi et croire qu'il existe en lui un bon fond, mais certainement pas nous contraindre à aimer. L'amour découle de la foi. Il nous faut mettre nos actes en accord avec notre point de vue, faute de quoi nous serons nous-mêmes divisés, mais nous n'avons pas à fabriquer en nous des sentiments d'amour. Quand nous découvrons dans l'autre une aspiration au bien, des sentiments plus positifs émergent également en nous. Aimer signifie alors traiter l'autre en tenant compte de son aspiration au bien, susciter toujours plus l'émergence du bien en lui, aider à ce que le bien en lui l'emporte toujours plus sur ce qui est malade et malsain, sur le mal et les ténèbres, de sorte que son être tout entier devienne bon. Aimer signifie rendre bon autrui, le transformer toujours plus en un être bon.

Si la foi est reconnaissance d'une solution seconde, l'amour est mise en œuvre de cette solution. Tout comme la foi, l'amour quitte le niveau où se joue le jeu sans fin de la victoire et de la défaite. Beaucoup de gens ne connaissent que le rapport de forces : je suis plus fort ou plus faible que l'autre, c'est lui ou c'est moi qui gagne. Ce jeu n'en finit pas, car si j'ai perdu une première fois, je me bats pour gagner la fois d'après, et si je ne gagne pas contre ce partenaire, je m'en cherche d'autres à vaincre, parce que je ne peux pas supporter d'être un éternel perdant. L'amour, lui, abandonne le niveau de la confrontation, il le dépasse et considère l'autre sur un autre plan, plus élevé : non plus comme un concurrent, mais comme un homme en qui existe beaucoup de bien. Il s'emploie à éveiller, à renforcer ce potentiel en lui et à le laisser vivre. Il n'a nul besoin de la défaite de l'autre pour s'estimer lui-même et pour être sûr de lui. Celui qui a trouvé en soi, ou bien plus, en Dieu, sa raison d'être et sa valeur, n'a aucune difficulté à reconnaître celle des autres. L'amour, qui accorde à chacun tout son crédit, est bien moins éprouvant que la pression continuelle exercée par l'affrontement. En dépassant le niveau du rapport de forces je me soustrais à la sempiternelle obligation de me battre pour m'imposer, et tout à coup, je découvre des façons beaucoup plus intéressantes de me conduire avec l'autre. Je peux me réjouir de sa valeur. Cela ne diminue en rien la mienne, au contraire, cela me permet d'avoir accès à sa richesse personnelle. Il ne faut pas beaucoup d'imagination pour passer d'un niveau à un autre et ainsi atteindre une solution seconde. Il est dans la nature de l'amour de se laisser guider par l'intuition, de trouver des solutions pleines de fantaisie, de découvrir de nouvelles voies et de nouvelles alternatives. L'amour rend inventif, parfois aussi un peu fou, mais ses solutions folles sont plus humaines que ce jeu incessant de la confrontation.

Fréquemment, nous nous compliquons la tâche en nous faisant une idée trop élevée de l'amour. Cela est valable dans notre relation avec le prochain, vers qui nous allons avec de bons sentiments. Nous sommes ensuite excessivement déçus de voir l'autre adopter une position radicalement contraire, nous résister, voire nous agresser. Nous confondons souvent amour et harmonie : évidemment, il serait bien que tout le monde puisse vivre en bonne entente, mais cela est parfaitement utopique. Dans notre aspiration à l'harmonie, ce sont souvent les autres qui jouent les grains de sable, et subitement, il devient difficile de continuer à aimer ces trouble-fête. Or, l'amour véritable ne pose aucune condition. Il acccpte les autres tels qu'ils sont. Il constate, de façon objective, ce qui existe en eux : mécontentement, agressivité, soif de pouvoir, recherche de reconnaissance sociale, pratique de l'intrigue, mais aussi aspiration au bien. L'amour est ouvert, il transforme ce qui est réel. Il éveille le bien dans la personne malade et abîmée. L'amour n'a pas peur des conflits, car il se situe au-delà du conflit. Dans une confrontation, il envisage ce qui serait bénéfique pour l'autre. Ayant franchi ce niveau, l'amour, dans un conflit, n'est plus la proie des émotions, il reste cohérent, conséquent, dans sa recherche d'une vraie solution.

L'aspiration à l'harmonie conduit à esquiver l'âpre réalité et débouche sur l'évasion dans un monde irréel. L'amour accepte la réalité, il s'y engage et la transforme. Or, on ne peut transformer que ce que l'on a accepté : l'amour se conforme à cette loi fondamentale de la vie en approuvant ce qu'il découvre.

Les représentations utopiques compliquent souvent l'amour entre mari et femme ou entre amis. On s'extasie devant l'amour mutuel, et on tombe de haut quand son partenaire n'a pas rincé la vaisselle. Le haut vol de l'amour sombre dans la banalité du quotidien. Pour saint Benoît, l'amour fraternel se manifeste très concrètement dans la disposition à prendre en charge les tâches quotidiennes et à les exécuter consciencieusement et minutieusement. L'amour doit s'incarner, il doit accepter la réalité de la vie. Celle-ci est souvent très prosaïque et consiste en mille petites choses. Je ne rencontre pas seulement l'autre dans ses augustes pensées et dans ses grands sentiments, mais dans ses habitudes, qui me tapent sur les nerfs ! Pour saint Benoît, l'amour se prouve donc justement lorsqu'on supporte ses faiblesses et ses défauts mutuels (*Règle de saint Benoît*, 72). Au lieu de s'accrocher à des représentations utopiques, l'amour s'engage dans la réalité de l'autre et de sa compagnie effective ; il ne ferme pas les yeux devant la réalité, mais dépasse le niveau des conflits mutuels ; à travers le visible, il perçoit l'invisible dans l'autre, son bon côté, son bon fond, ses potentialités, cela engage son comportement dans son entier. A ce niveau, beaucoup de frictions se relativisent. Elles ne sont plus aussi effroyablement importantes, elles ne sont plus désavouées ni refoulées, mais acceptées et transformées. L'utopie aboutit à la résignation ; l'amour, en revanche, prend en main les problèmes quotidiens avec beaucoup d'imagination, de patience et d'inspiration, et avec un humour caractéristique d'une solution seconde. Dans sa lettre aux Corinthiens, saint Paul a décrit les qualités classiques de l'amour :

L'amour est patient ; l'amour est serviable ; il n'est pas jaloux ; l'amour ne fanfaronne pas, ne s'enfle pas d'orgueil ; l'amour ne fait rien d'inconvenant, ne cherche pas son intérêt, ne s'irrite pas, ne garde pas rancune du mal ; il ne se réjouit pas de l'injustice, mais met sa joie dans la vérité. Il excuse tout, croit tout, espère tout, supporte tout. L'amour ne passera jamais.

L'amour s'ouvre à la réalité, lui fait face, la supporte et l'interprète parce qu'il croit au bien qui est en elle, que Dieu a mis en elle, et parce qu'il pense que Dieu, grâce à tout son amour, permet de tout transformer.

III

LÀ OÙ EST LA VIE, LÀ EST LA LOUANGE

Les hommes de l'Ancien Testament voyaient dans la louange une dimension fondamentale de l'existence humaine. Dans sa *Théologie de l'Ancien Testament*, Gerhard von Rad écrit ceci : « La louange est pour l'homme la forme la plus personnelle de l'existence. Louer et ne plus louer se font face comme la vie et la mort[6]. » La louange n'est absente que dans la mort ; là ou est la vie, là est aussi la louange : l'être humain, par essence, est apte à la louange. Louer signifie élever, admirer, honorer, vénérer quelque chose et l'exprimer par des mots. Dans l'Ancien Testament, la louange finit toujours par se rapporter à Dieu. Dieu est loué pour sa Création et pour son intervention dans l'histoire, pour ce qu'il a fait en faveur de son peuple Israël et de certains personnages pieux. Dans la louange, l'homme de l'Ancien Testament exprime sa foi en Dieu ; dans la louange, il synthétise sa foi ; dans la louange, il

6. Gerhard von Rad, *Theologie des Alten Testamentes*, vol. 1, Munich, 1966, p. 381.

déclare qu'il tient la Création et l'œuvre de Dieu dans l'histoire pour bonnes, et qu'il les approuve.

La louange donne un autre nom aux choses, elle interprète en paroles ce que nous avons interprété en pensée et vu avec un regard neuf, mais elle n'advient pas forcément après la prise de conscience dans la foi. Dans la prière au chœur, par exemple, les moines ont pour mission de louer Dieu. Cette tâche peut nous être difficile si nous sommes prisonniers de notre colère. Mais si malgré tout nous nous laissons entraîner dans la louange, il est possible que nous y voyions se lever une lumière : tout à coup, nous percevons notre situation sous un autre jour. C'est donc la louange qui a éveillé la foi en nous : nous avons appelé les choses autrement et nous les voyons autrement. Dans ce cas, la vision suit la parole. Nous adoptons un modèle lexical donné, et à travers lui, nous reconnaissons la réalité telle qu'elle est.

La louange au quotidien

Saint Benoît exige de ses moines qu'ils chantent sept fois par jour à Dieu leur Créateur la louange qui lui revient, « à cause de sa justice équitable » (*Règle,* 16). La louange de Dieu interrompt régulièrement le travail. En plein milieu de leurs tâches, les moines lèvent les yeux vers Dieu pour le louer. Cela relativise leur travail. Ni la performance, ni la réalisation de soi n'occupent la première place : la glorification de Dieu est au centre de tout. Tout se meut autour de lui. L'homme n'échappe pas à cette loi et, de ce fait, son travail prend sa juste valeur. La louange de Dieu sept fois renouvelée transforme le quotidien. Elle nous libère de toute polarisation sur notre labeur et nos soucis de tous les jours. Elle renvoie sans cesse notre regard vers Dieu qui porte notre vie, Dieu qui nous étonnera bien plus que ce que nous créons de nos mains.

Cependant, saint Benoît ne s'arrête pas à recommander la célébration de la louange de Dieu dans l'office des Heures : il invite encore les moines à louer Dieu au milieu des situations quotidiennes les plus banales. Par exemple, quand les moines, en raison des aléas climatiques, n'obtiennent pas le vin sur lequel ils comptaient, ils doivent louer Dieu et non murmurer (*Règle*, 40). *Benedicere*, dit ici saint Benoît, cela veut dire la même chose que louer : parler en bien, parler de la situation en bien, parler de Dieu en bien. Du point de vue de notre besoin en vin, la situation paraît mauvaise. Maintenant, si dans ces circonstances nous louons Dieu, si nous parlons de lui en bien, nous interprétons la situation. Nous ne sommes plus fixés sur notre besoin non satisfait, mais nous regardons vers Dieu, et nous reconnaissons que même dans ce manque, il est près de nous. Peut-être comprenons-nous alors que lui seul peut combler notre manque le plus profond.

Saint Benoît condamne systématiquement le murmure, par lequel nous interprétons une situation à partir de nos seuls besoins et désirs insatisfaits. Car ce faisant, nous ne voyons pas ce que Dieu fait pour nous. Le murmure est l'expression d'un manque de foi. Nous ne voulons plus voir Dieu, nous nous obnubilons sur nous seuls et sur nos seuls désirs. Nous nous comportons comme des enfants qui boudent et font la moue parce que leur mère n'a pas voulu leur donner ce qu'ils voulaient. Soudain, tout est contre nous. Nous réagissons comme Jonas qui, voyant l'arbre à ricin mort, s'emporte et souhaite la mort, en continuant à penser qu'il a raison. Dans le murmure, nous perdons notre discernement. Nous nous égarons et devenons aveugles à l'œuvre de Dieu. La louange, au contraire, nous libère de cette fixation sur nos besoins. Elle ouvre notre regard sur Dieu, qui en toute situation agit avec sollicitude vis-à-vis de nous, mais qui peut aussi nous provoquer, pour que nous nous rendions toujours plus à lui, pour que nous cherchions en lui notre paix et non la satisfaction de nos besoins.

Paul et Silas ayant été jetés en prison, à minuit, ils se mirent à prier et à chanter des louanges (Ac 16, 25). Alors la terre trembla, les portes de la prison s'ouvrirent et leurs chaînes se brisèrent. Dans la prière, ils avaient trouvé un sens à leur captivité ; ils avaient loué Dieu, dont ils savaient qu'il les accompagnait et les protégeait partout. Dieu accepta leur interprétation et fit trembler la terre. Leur louange était anticipation sur l'œuvre de Dieu, ils y chantaient tout ce que Dieu pouvait faire en leur faveur. Ils lui faisaient confiance. Dans leur prière, ils ne demandaient pas le secours de Dieu, ils se livraient à Dieu, louaient ses œuvres, sa magnificence et sa bonté. Bien que la bonté de Dieu fût à peine visible, puisqu'ils se trouvaient enchaînés au fin fond d'un cachot, ils parlaient de Dieu en bien. Ayant interprété leur sort dans la louange, ils avaient transformé leur situation, n'étaient plus ni tristes ni résignés, mais pleins d'espérance. Il y avait en eux tant de vie que la terre se mit à trembler : leur transformation intérieure devait se manifester extérieurement. La vigueur de leur cœur fit sauter leurs chaînes et les portes de la prison s'ouvrirent ; parce qu'ils n'étaient plus prisonniers à l'intérieur d'eux-mêmes, leur prison extérieure disparut elle aussi.

Le théologien Henri Nouwen, ayant passé sept mois dans un monastère de trappistes, pensait avoir ainsi résolu quelques problèmes personnels. Mais il avait à peine repris son travail qu'il vécut certaines expériences, sources de déception et de grand découragement. Il dut alors reconnaître ceci : « On ne bâtit pas des monastères pour résoudre des problèmes, mais pour louer Dieu au milieu même de ces problèmes[7]. » Beaucoup de gens pensent que grâce à la prière et à la méditation ils pourront résoudre leurs difficultés, vaincre leur dépression, se débarrasser de leur susceptibilité, combler leur vide intérieur. Mais fréquemment, leur prière ne sert à rien. Alors, ils prient de plus en plus et sont de moins en moins satisfaits. Nous sommes donc à nouveau en présence d'une solution quantitative typique, derrière laquelle se trouve l'idée parfaitement utopique qu'on peut régler d'un seul coup tous ses problèmes, en finir n'importe quand et une fois pour toutes avec toutes ses crises. Or, c'est cette idée utopique elle même, qui conduit à une augmentation constante de la prière, qui est le problème. Au contraire, louer Dieu au milieu de son problème, c'est réinterpréter la situation. Je ne prie pas pour obtenir sa transformation ou sa résolution, mais je loue Dieu au milieu de mes problèmes. Cela relativise ces derniers et cela change déjà la situation,

7. H. M. Nouwen, *Ich hörte auf die Stille* (J'écoutais le silence), Fribourg, 1979, p. 199.

car je prends du recul, je ne suis plus dominé par mes difficultés, je ne pense plus sans arrêt à moi, je peux faire abstraction de ma personne et regarder Dieu, que je loue à cause de sa « justice équitable ». Ce faisant, j'ai déjà quitté le niveau de mon problème, je peux tout considérer d'un autre point de vue et je suis déjà entré dans le cadre d'une solution seconde typique : je ne cours plus après la solution utopique, comme si je devais régler moi-même tous mes problèmes. En effet, dans la louange, je ne dénoue pas le problème, mais je me défais de lui : il n'a plus prise sur moi, si bien que quelque chose a déjà changé. Parce que je ne suis plus obsédé par la disparition de mes difficultés, quelque chose s'est transformé en moi : je peux à présent vivre sereinement en leur compagnie.

On entend souvent les gens se plaindre : « J'ai déjà tellement prié, et je retombe toujours dans les mêmes erreurs, je réagis toujours aux critiques avec autant de susceptibilité, je me sens toujours aussi facilement vexé. Cela ne sert à rien de continuer à me battre contre mes défauts. Je n'arrive pas à m'en débarrasser. » Nous sommes ici encore à la recherche d'une solution utopique, qui aboutit à la résignation. Bien sûr, la louange ne me permettra pas de venir à bout de ma susceptibilité : simplement je l'interpréterai, je la nommerai autrement et je réagirai différemment.

Cela m'est alors indifférent de montrer mon point faible : je loue Dieu qui, en dépit de tout, me porte. En le louant, j'approuve le plan de Dieu sur moi. Et si Dieu demande cette susceptibilité, elle a aussi une signification positive. Je n'ai donc pas à m'en séparer, mais seulement à la voir autrement, à la nommer autrement, alors je pourrai aussi l'appréhender autrement, alors elle ne sera plus aussi dramatique pour moi, et finalement elle se dissipera peu à peu pour disparaître.

Les moines louent Dieu sept fois par jour. Quand ils se rassemblent pour louer Dieu, des conflits de personnes et des tensions qui existent souvent entre eux n'ont pas disparu pour autant. La prière commune ne résout pas forcément leurs problèmes, mais elle relativise leurs conflits. Dieu, qui a créé le monde et qui les porte, peut aussi porter cette communauté avec ses problèmes, bien souvent ridicules. Quand j'éloigne mon regard des querelles humaines et que je le tourne vers Dieu, je remarque d'abord que notre pensée est bien étriquée et que nous sommes doués pour nous inventer des problèmes parfaitement artificiels, que nous ne savons que nous regarder le nombril et excellons à tout compliquer. Le regard que nous portons vers Dieu dans la louange commune élargit notre vision. Grâce à Dieu, nous pouvons déjà poser correctement les problèmes et les dédramatiser. En louant Dieu comme Seigneur, nous recevons une nouvelle acception de notre vie et de ses problèmes. Prononcer son nom crée en nous un réajustement, nous offre un nouveau sens de l'existence. La louange nous guérit et nous réconcilie avec nous-mêmes, avec notre situation personnelle et avec Dieu.

Louer le Créateur

Pour saint Benoît, la louange est très profondément une louange au Créateur, elle est reconnaissance de notre état de créature. Quand on a compris ce que veut dire être une créature – ne pas tirer son existence de soi-même, mais de Dieu –, louer son Créateur va de soi : la louange est l'expression de notre existence en tant que créature, conscience de dépendre de Dieu et conscience qu'exister est un don de tous les instants. C'est en Dieu que la louange trouve le sens de notre existence, et cela nous permet de vivre autrement, de vivre de la grâce et non de la performance, de n'être pas obligés de nous prouver à nous-mêmes notre valeur, mais de la découvrir sans cesse en Dieu, qui nous a créés bons et qui nous tient dans sa main pleine de bonté. Nous n'avons pas à conquérir notre droit à l'existence en démontrant notre utilité : nous avons le droit d'exister parce que Dieu nous a voulus, parce qu'il nous veut à chaque instant et qu'il nous maintient en vie.

La louange au Créateur nous fait aussi découvrir le monde sous un jour nouveau, car nous orientons notre regard sur la beauté de la Création et, en retour, ce regard enrichit notre vie. Notre louange devient elle-même créative, créatrice. Elle continue de créer la beauté de la Création à travers la beauté des paroles. Notre louange devient elle-même création. Les Grecs savaient déjà cela, car ils avaient le même mot pour création et poésie : *poiesis*. Par ses mots, le poète recrée le monde. Par la parole, il libère, appelle à la vie la beauté des choses. Il rend la beauté tangible, donne à la Création un autre éclat.

Les Anciens étaient persuadés que, la louange non seulement réinterprète la création, mais encore la recrée. Ämiliana Löhr exprime cette certitude par ces mots : « Parce qu'elles sont chantées, les choses persistent, elles sont continuellement re-créées[8]. » Cela semble tout à fait exagéré. Comment la louange des moines peut-elle donc recréer le monde ? Les moines, à ce sujet, ne se prennent-ils pas un peu trop au

8. Ämiliana LÖHR, *Abend und Morgen ein Tag* (Il y eut un soir, il y eut un matin, jour), Ratisbonne, 1955, p. 110.

sérieux ? Et pourtant, cela correspond à une expérience humaine universelle. Pour les hommes de l'Antiquité, culte et Création formaient une unité : les Anciens attendaient du culte la perpétuation et la fécondité de la Création. Cette idée fut à la base des nombreux cultes antiques de la fécondité. Le christianisme a spiritualisé cette vision. La Parole, le *logos*, qui a créé le monde, crée nouvellement les choses. Par la Parole, les choses mortes reprennent vie, le créé est renouvelé, le monde s'ouvre à nouveau au Créateur. Par la parole de louange, toutes choses laissent à nouveau transparaître Dieu et ne sont plus hermétiques. Le péché de l'homme a fermé le monde à Dieu. La louange l'ouvre à nouveau, elle crée une brèche par laquelle la lumière divine peut à nouveau traverser les choses.

Quand nous roulons à travers un magnifique paysage, mais que pendant ce temps nous discutons politique ou parlons du dernier match du championnat de foot, le paysage n'est pas vraiment présent, il lui manque quelque chose. En revanche, les paroles qui célèbrent la beauté de ce paysage l'élèvent, ne serait-ce que dans son existence même. Au moins actualisent-elles la réalité de sa beauté, la laissent-elle se manifester. Les mots de louange éveillent la vie qui sommeille en lui, ils recréent la vie qui est cachée en lui, ils la raniment. La parole de louange participe à la puissance créatrice du *logos*. Par son Verbe, Dieu a tout créé, dit le Prologue de l'évangile de Jean. Dans les psaumes, nous louons Dieu avec ses propres mots, et en prononçant ses paroles sur la Création et sur notre vie, nous recréons avec Dieu le monde qu'il a créé. La Parole créatrice de Dieu retentit dans notre louange et porte ainsi la Création à son accomplissement, la délivre de sa captivité et de sa faute, la relie à son origine et la sanctifie.

Ce que la louange peut produire, je l'ai compris alors que je traversais avec un confrère un pauvre village du plateau de Makonde, en Tanzanie. Mon confrère, qui travaillait là-bas comme missionnaire, m'expliquait la situation des habitants. A cette époque, il leur fallait faire quatre heures de marche pour aller chercher de l'eau à une fontaine boueuse. Puis, nous sommes entrés dans l'église pour un office. Les paysans chantaient leurs cantiques avec enthousiasme. Pour moi, c'était comme une fenêtre d'espérance qui s'ouvrait là, sur ce village déshérité. Le chant et la louange faisaient tout à coup passer la lumière. A ce moment-là, les fidèles pouvaient avoir une vision différente de leur vie ; au milieu de cette poussière désespérante, le Créateur du monde était visible ; dans ce petit village, la louange transfigurait la vie des chrétiens. Si en leur apportant des fonds, nous avions amélioré leur situation économique de façon décisive, cela aurait à peine dissipé leur désespoir. Ils avaient déjà reçu de l'aide, mais les pompes à eau avaient été abîmées, si bien qu'ils s'étaient retrouvés au même point. Alors que le chant et la louange apportaient à leur situation plus de lumière que toute l'aide financière possible, donnaient un autre sens à leur existence et élargissaient l'espace de leur vie.

Parler en bien des personnes

Nous savons par expérience que chez les gens, la louange est souvent bien plus efficace que les critiques incessantes : quand on doit éduquer des enfants, on sait quel peut être l'effet d'un compliment. Si, dans la louange, je dis du bien d'autrui, je l'éveille à la vie, j'attire le bien en lui. Certes, la louange n'oublie pas qu'en l'autre existent aussi des aspects négatifs, qui en aucun cas ne doivent être loués, mais la louange dit le bien en toute conscience et, en l'exprimant, l'amène à la vie. Car dans ce cas aussi, ce qui est prononcé devient efficace. Dire, c'est actualiser quelque chose de l'idée exprimée, qui devient ainsi plus claire pour celui qui écoute et qui, par là, peut agir sur lui.

Cependant, l'utilisation de la louange comme simple truc pédagogique ne saurait faire illusion bien longtemps, et alors, la louange perd toute son efficacité. Il faut que celui qui loue fasse abstraction de lui-même, qu'il agisse de façon désintéressée, se départisse de ses intentions et regarde vers l'autre, le mette au centre. Cela s'exprime déjà de façon orale. Je dis bien à quelqu'un « Je te remercie », mais jamais « Je te loue ». Au contraire, j'enveloppe toujours cela dans une phrase dont l'autre est le sujet : « Tu as bien fait. Tu es belle. Tu as fait bonne impression[9]. » Dans la louange, je m'oublie moi-même, j'oublie aussi l'effet des paroles sur autrui. Je loue parce que je vois les choses de cette façon et parce que l'autre suscite en moi la louange. Je lui laisse de l'espace. La louange le fait grandir. Il peut s'épanouir. Ce qui est bon en lui est renforcé par ce que je dis, et il peut à présent croire un peu plus qu'il y a du bon en lui, mieux l'accepter, et ainsi être mieux disposé à grandir.

Naturellement, la louange ne doit pas être de mauvaise foi. Mais il faut dire que dans chaque personne, il y a toujours quelque chose que l'on peut louer, en dépit de ses faiblesses et de ses erreurs. En passant par dessus ses côtés négatifs pour exprimer ce qui est positif en elle, je donne mon interprétation de sa personnalité. Cela ne

---

9. Voir C. WESTERMANN, *Das Loben Gottes in den Psalmen* (La louange de Dieu dans les Psaumes), Göttingen, 1968, p. 22.

changera rien à sa nature, mais en essayant de la voir autrement, je me transforme au moins moi-même. Et l'autre percevra aussi cette transformation. Je loue l'autre, tout empêtré qu'il soit dans ses fautes, et je ne tombe donc pas dans la solution utopique qui consiste à vouloir faire de cet autre un chrétien ou un religieux idéal. Je n'attends pas de lui qu'il se conforme à cette utopie de l'homme parfait, je l'interprète : cela rend possible une solution seconde. En revanche, la solution de premier ordre, qui consiste à critiquer autrui de plus en plus et à ce qu'il se justifie toujours plus, ne conduit à aucune amélioration, à aucune solution, mais c'est un jeu sans fin. En se plaçant en dehors du cadre où sont attendues les modifications, la louange fait tomber sur autrui une clarté qui vient d'une strate supérieure, du niveau de Dieu, dont la lumière resplendit en chaque être humain. Et si la lumière de Dieu resplendit dans l'autre, ma relation à lui change, et en lui-même il devient différent, il est renouvelé, il est sanctifié.

CONCLUSION

La foi comme modèle d'interprétation de la réalité renvoie donc à trois étapes : la première consiste dans la reconnaissance d'une solution de second ordre, dans une nouvelle façon de considérer les choses. Parfois, elle surgit spontanément, et on perçoit alors la situation, soi-même et autrui, de façon complètement nouvelle. Parfois, il me faut réfléchir et me poser la question : « Est-ce que je ne peux pas voir cela autrement ? N'existe-t-il pas un autre modèle de compréhension ? » Alors, mon point de vue antérieur se relativise et je pressens quelque chose de l'interprétation apportée par la foi.

La deuxième étape consiste à repenser la réalité en termes d'amour. Dans l'amour, j'ai une autre attitude avec la réalité que j'ai interprétée, je me comporte bien, j'agis bien, j'en fais quelque chose de bien.

La troisième étape est la louange, par laquelle je nomme ce que j'ai vu de façon nouvelle, par laquelle j'exprime avec des mots ma nouvelle vision des choses.

On ne peut pas distinguer l'ordre de ces étapes. Toutes sont étroitement liées. Si l'on s'en tient à la stricte logique, la vision est première. Mais parfois, je n'apprends à changer mon regard qu'à partir du moment où j'aime, où j'exprime ma louange. La parole de louange peut me révéler une réalité différente et me la montrer sous un jour aimable. Inversement, l'amour pousse à la louange.

Le modèle de la « foi comme interprétation » non seulement nous présente clairement le rapport entre croire, aimer et louer, mais nous aide aussi à mieux vivre notre vie, à mieux gérer nos difficultés et nos problèmes, nos peurs et nos faiblesses, à mieux faire face à l'imperfection de nos semblables, à mieux accepter notre famille, notre communauté ou notre paroisse. Ce modèle nous évite de tomber dans les égarements de l'utopie, du paradoxe, du simplisme dans ce qu'il a d'effrayant, et de toutes les solutions quantitatives ; il nous met sur la voie des solutions véritables, des solutions de second ordre, des solutions qui viennent de Dieu. Dieu, qui seul peut résoudre nos difficultés, qui seul peut résoudre la question de notre mort, dans laquelle culminent finalement tous nos problèmes, et à laquelle il a donné sens dans la résurrection de son Fils, pour en faire un chemin vers la vie en plénitude.

Solution de la page 7 :

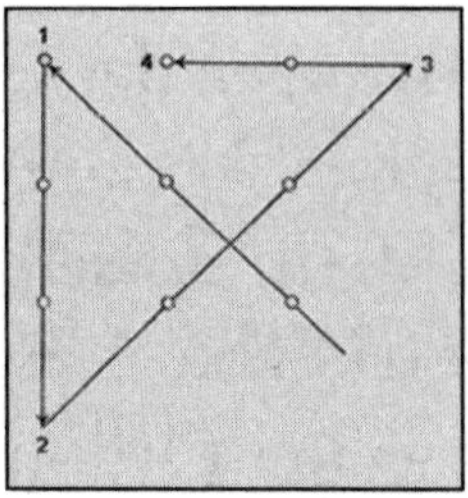

TABLE DES MATIÈRES

Achevé d'imprimer
sur les presses
de l'imprimerie

taag

Grigny (91350)
01 69 25 40 40
Dépôt légal : 05/2004
N° d'impression : 7479